Günter Figal

Gefäße als Kunst

Erfahrungen mit japanischer Keramik

Günter Figal

Gefäße als Kunst

Erfahrungen mit japanischer Keramik

modo

Das unerschöpfliche Fest

Leben von unzähligen Stützen gehalten
Und fortschreitend über die Zeit
Wir sehnen uns danach uns selbst zu begegnen
Und sind doch, bedenken wir's recht,
Gäste hier in der Welt
Gastfreundlich aufgenommen von allen Dingen
Und eingeladen zu einem Fest
Aus mehr als man sehen
Und mehr als man essen kann.
Wäre dies nicht das Paradies
Wo dann wäre das Reine Land?

Kanjirô Kawai
(Deutsche Fassung von Maria Goldschmidt)

Inhalt:

Vorbemerkung

Wie mein Buch *Ando. Raum Architektur Moderne* (2017) ist auch dieses in Japan entstanden. Das fügt sich gut, weil ich die Erfahrungen, die mich zum Schreiben über Gefäße brachten, vor allem diesem Land verdanke. Und es war hilfreich, weil ich auch während dieses Aufenthalts – im Sommer und Herbst 2018 – beglückend viele Gelegenheiten hatte, Gefäße zu sehen und zu studieren – in Werkstätten, Museen, Galerien und Privathäusern. Einige davon habe ich in diesem Buch beschrieben, andere haben die Beschreibungen gleichsam grundiert.

Die Auswahl der beschriebenen Gefäße ist ‚subjektiv'; sie wurde nach Kenntnis und persönlicher Schätzung getroffen, aber ich vertraue darauf, dass sie nicht willkürlich ist, sondern dass die Künstlerinnen und Künstler, die ich vorstelle, auf je individuelle Weise repräsentativ für die gegenwärtige keramische Kunst sind. Grundsätzlich habe ich nur Gefäße beschrieben, die ich direkt sehen und oft auch in die Hände nehmen konnte. Die Anschauung, aus der das Nachdenken über Gefäße kommt, ist auch in den Photographien gestaltet, die keine illustrierenden Abbildungen sind, sondern den Text auf eigenständige Weise begleiten.

Zum Text möchte ich anmerken, dass die japanischen Namen dem deutschen Sprachgebrauch angepasst sind und der im Japanischen an erster Stelle stehende Familienname an zweiter Stelle genannt wird. So ist es mittlerweile auch in Japan üblich, wenn man sich international, zum Beispiel mit in lateinischen Buchstaben gedruckten Visitenkarten, vorstellt oder auch als Künstler auf der Website einer international agierenden Galerie. Eine Ausnahme von der Anpassung bilden lediglich historische und entsprechend kodifizierte Namen wie Toyotomi Hideoshi, Sen no Rikyû und Hon'ami Kôetsu sowie, der Besonderheit dieses Namens Rechnung tragend, Raku Kichizaemon XV.

Viele hilfreiche und gute Gespräche, die ich führen konnte, nicht zuletzt zu handwerklichen Fragen, gingen mehr oder weniger direkt in den Text ein. Für Anregungen und mannigfache Unterstützung danke ich Keummi und Volker Bauermeister, Sonja Duò-Meyer, Paul Ege, Tomoo Hamada, Koichiro Isezaki, Shoko Ishioka, Ryotaro Katô, Jan Kollwitz, Young-Jae Lee, Hans Peter Liederbach, Fumi Okamura und Elmar Weinmayr, Pedro Riz à Porta Reiko und Atsuhide Sakakura, Phil Sims, Dorothea und Winfried Stein, Bernhard Strauss, Beatrix Sturm-Kerstan, Yuko, Kei und Takashi Tanimoto, Mayuko Uehara, Edmund de Waal, Dieter Weber, Eveline

Weber, Hiromi, Kazu und Hiroshi Yamada, und ganz besonders Mari Moh und Hideki Mine. Viele Keramik-Orte – *Rokkoyô,* ‚Öfen', wie es in Japan heißt – haben wir zusammen erkundet, und ohne die begeisterte Unterstützung der beiden hätte ich vieles von dem, was in diesem Buch beschrieben wird, nicht gesehen. Ihnen ist dieses Buch in herzlicher Freundschaft gewidmet. Antonia Egel, meine Frau, und ich waren von Anfang an zusammen auf der Spur der Gefäße. Die meisten Erfahrungen, die in dieses Buch eingegangen sind, sind gemeinsame, und auch was Gefäße zu denken geben, haben wir immer wieder gemeinsam bedacht.

Warum Gefäße?

Meine Antwort auf diese Frage ist die Geschichte einer Erfahrung. Während meines ersten längeren Aufenthaltes in Japan, es war im Jahr 1999, bei einem Streifzug durch den Tempelbezirk am östlichen Rand von Kyoto, führte mich, in der Nähe des Tempels *Nanzen-ji,* der Weg an einem kleinen Museum vorbei, dem *Nomura Bijutsukan,* das, wie ich später erfuhr, die Kunstsammlung des Industriellen Tokushichi Nomura II (1878–1945) birgt. Das elegante und sehr gepflegt wirkende Gebäude sprach mich an, ich trat ein und, nachdem ich, wie in Museen dieser Art nicht ungewöhnlich, doch damals für mich erstaunlich, meine Schuhe gegen ein Paar (für meine Füße viel zu kleiner) Pantoffeln getauscht hatte, sah ich, dass ich in eine Ausstellung mit Keramik geraten war. Es war Teekeramik, Gefäße, wie sie bei der im Allgemeinen ‚Teezeremonie' genannten Zusammenkunft verwendet werden, eine Reihe verschiedener Gefäße, von denen ich jedoch nur einen Typ, nämlich die Teeschale, sofort erkannte, wahrscheinlich, weil ich Teeschalen zuvor auf Abbildungen gesehen hatte, allerdings ohne sie weiter zu beachten. Das japanische Wort für die Teeschale, *Chawan,* lernte ich später.

Der Eindruck war intensiv. Je länger ich auf die in großen, warm erleuchteten Vitrinen ausgestellten Gefäße schaute, desto mehr zogen sie mich in ihren Bann. Vor allem waren es die Teeschalen, die meinen Blick festhielten. Diese wirkten irgendwie grob und dennoch sorgfältig gestaltet. Sie waren von eigenartiger Form, als wären sie in die Breite gezogene Becher, manche leicht ins Oval gedrückt, der Rand unregelmäßig und bei manchen Schalen ganz leicht nach innen gerundet. So standen sie auf einem flachen und im Verhältnis zu ihrer Größe recht kleinen Fuß, der sie bei aller Standfestigkeit schweben ließ. Einige von ihnen, und sie zogen mich am meisten an, waren mattschwarz glasiert oder in gedecktem Rot. Die Glasur war so dünn aufgetragen, dass man durch sie hindurch die Unebenheiten und Bearbeitungsspuren der Gefäßwand sah, und das war offenbar kein Versehen oder der Unbeholfenheit des Töpfers geschuldet. Dazu schienen die Gefäße zu sehr geschätzt. Neben einigen von ihnen waren die Deckel der Holzkästen ausgestellt, die zu ihrer Aufbewahrung dienten. Diese waren auf der Innenseite beschrieben, und wie ich später lernte, war es wohl so, dass Besitzer der Schalen dort ihren Namenszug und sogar Gedichte hinterlassen hatten. Später erfuhr ich auch, dass besonders geschätzte Teeschalen Namen tragen.

Solcher Zeichen der Hochschätzung hätte es jedoch gar nicht bedurft, um mir das ganz und gar Besondere dieser Gefäße zu zeigen. Die Gefäße zeigten es selbst in ihrer eigentümlichen Schwebe aus Grobheit und Raffinement und mit ihren, wie mir bei längerem Hinschauen immer deutlicher wurde, sehr anmutig schwingenden Formen. Es war keine offensichtliche Anmut, sondern eine, die sich erst allmählich erschloss, eine Leichtigkeit, die ohne weiteres mit der breiten Gewichtigkeit der Gefäße harmonierte.

Ich weiß nicht mehr, wie lange ich vor diesen Gefäßen stand und immer wieder in die Knie ging, um sie in Untersicht zu betrachten. Es werden ein paar Stunden gewesen sein, in denen mir immer klarer wurde, dass dies eine Erfahrung war, wie ich sie bis dahin nur vor Gemälden gemacht hatte, die mich sehr ansprachen: vor den flirrenden Küstenszenen, Seerosenteichen oder Kathedralenfassaden Monets und vor Cézannes Landschaften, zum Beispiel vor der zerklüfteten, sich in satten Brauntönen aufschichtenden Wand des Steinbruchs von Bibémus, die mich bei Besuchen im Museum Folkwang in Essen schon während der Schulzeit immer wieder angezogen hatte. Wenn die Erfahrung der Teeschalen diesen Erfahrungen ähnlich war, mussten die Teeschalen so wie die Gemälde Monets und Cézannes Kunstwerke sein, und zwar solche von hohem Rang. Sie hatten, wie mir schien, wenig gemeinsam mit jenen blauweißen chinesischen Vasen, die mich nie besonders interessiert hatten und erst recht nicht mit jenen Töpferwaren, für die das Wort ‚Kunsthandwerk' gebräuchlich ist.

Die Erfahrung brachte mein Kunstverständnis durcheinander – nicht auf einen Schlag, sondern allmählich und immer gründlicher, je mehr ich über das Erfahrene nachdachte. Ich verstand, dass der Kanon der Kunstgattungen, den ich für selbstverständlich gehalten hatte, zu eng war. Die bildende Kunst bestand offenbar nicht nur aus Bildern und Skulpturen, sondern umfasste auch Werke, die nach dem gängigen, von mir bis dahin bedenkenlos geteilten Verständnis keine ‚richtigen' Kunstwerke sein konnten, weil sie zugleich Gebrauchsdinge waren. Teeschalen, wie ich sie im Nomura-Museum gesehen hatte, waren ja für den Gebrauch bestimmt, dafür, aus ihnen einen sehr anregenden Grüntee, *Matcha,* zu trinken, den man zubereitet, indem man zu Pulver vermahlene Teeblätter mit nicht allzu viel Wasser aufgießt und dann mit einem eigens dafür hergestellten Bambusbesen *(Chasen),* zu einer intensiv grünen, schaumbedeckten Flüssigkeit aufschlägt. Auch die ausgestellten Schalen waren so gebraucht worden, wie Schalen ihrer Art nach wie vor gebraucht werden, Schalen, die, je nachdem, wer sie hergestellt hat, sehr wertvoll sein können, auch wenn sie keine Museumsstücke oder gar *Important Cultural Properties* oder *National Treasures* sind. Teekeramik und überhaupt Keramik wird in Japan hoch geschätzt, und zwar nicht nur von wenigen. Wie ich später erfahren konnte, sind Ausstellungen mit Keramik meist sehr gut besucht, sie werden in großen Museen veranstaltet, und renommierte Keramiker zeigen ihre Arbeiten nicht nur in spezialisierten kleinen Galerien, sondern auch in den Kunstabteilungen großer *Department Stores*. Gefäße, deren angemessener Ort das Kunstmuseum oder die Galerie ist, müssen Kunstwerke sein.

Das irritierte mich vor allem, weil die zu Theorien ausgearbeiteten Kunstverständnisse, die ich kannte, Dinge wie Teeschalen nicht vorsahen. Diese waren keine Darstellungen der freien Individualität wie griechische Skulpturen, sie waren keine sinnlich fassbaren Manifestationen des Geistes wie Musikstücke oder Gedichte, und entsprechend fiel Hegels Ästhetik, wenn es um Teeschalen ging, aus. Auch mit Nietzsches Überlegungen zur ‚dionysischen' Musik und zur ‚apollinischen' Bilderwelt ließ sich beim Nachdenken über meinen Besuch im Nomura-Museum wenig anfangen. Und war mit einer Teeschale ‚die Wahrheit ins Werk gesetzt', die gleichbedeutend mit dem Entspringen einer neuen geschichtlichen Welt war? Wohl kaum, und entsprechend konnte ich auch Heideggers Gedanken zum ‚Ursprung des Kunstwerkes' auf sich beruhen lassen. War eine Teeschale das Ergebnis einer avancierten, das Bisherige überbietenden Reflexion des künstlerischen Materials, also ein modernes und nur deshalb überzeugendes Kunstwerk im Sinne der Ästhetischen Theorie Adornos? Dagegen sprach allein schon, dass Teeschalen von zeitgenössischen Künstlern nicht viel anders aussehen als die Werke aus dem späten sechzehnten oder frühen siebzehnten Jahrhundert, wie ich sie im Nomura-Museum betrachtet hatte. Adornos forcierte Avantgarde-Theorie der Kunst kam an diese ebenso starken wie ruhigen Gefäße nicht heran. Mit Hegel, Nietzsche, Heidegger und Adorno scheiterte die mir bekannte und bis dahin irgendwie als verlässlich erschienene Kunstphilosophie.

Das ließ sich auch nicht mit der Versicherung schönreden, die ‚westliche' Kunstphilosophie müsse zu Werken, die einem ‚ganz anderen Kulturkreis' angehören, nichts zu sagen haben. Dagegen stand meine Erfahrung. Wenn mich Teeschalen ebenso in ihren Bann ziehen konnten wie Gemälde von Monet und Cézanne, dann konnte der kulturelle Abgrund zwischen der ‚westlichen' Malerei und der ‚fernöstlichen' Keramik nicht allzu tief sein – höchstwahrscheinlich gab es ihn gar nicht. Meine Erfahrung widerlegte die Annahme, von Teeschalen könne man nur angesprochen sein, wenn man in der japanischen Tradition aufgewachsen war oder zumindest sehr lange in dieser Tradition gelebt hatte, während man als jemand, der aus dem ‚westlichen' Kulturkreis stammte, von ‚fernöstlichen' Werken höchstens als von etwas ‚Exotischem' fasziniert sein könne. Die Teeschalen, die ich betrachtet hatte, waren für mich nicht im Mindesten ‚exotisch'; was ich empfand, war durchaus nicht ‚der Reiz des Fremden'. Die Teeschalen waren nicht ‚fremd', sie waren nur etwas Neues, über das ich so gut wie nichts wusste. Und sie waren schön, einfach schön – wie ein von Monet gemalter Seerosenteich oder wie Cézannes zerklüftete Steinbruchwand. Wollte ich meine Erfahrung ernst nehmen, musste ich diese Schönheit verstehen, ohne mit der Unterstützung Hegels, Nietzsches, Heideggers und Adornos rechnen zu können. Dabei, so vermutete ich, würde sich mir auch der Kunstcharakter der Teeschalen erschließen. Wenn es ihre Schönheit war, was die Teeschalen mit den Bildern Monets und Cézannes, also mit Kunstwerken hohen Ranges, verband, mussten sie auf durchaus vergleichbare Weise Kunstwerke sein.

Doch die Teeschalenerfahrung ruhte. Es dauerte eine Weile, sieben Jahre, bis ich mich ernsthaft an den Versuch einer begrifflichen Klärung der Schönheit machte, die auch für die Schönheit von Teeschalen gelten sollte. Das Ergebnis, es lag 2010 mit dem Buch *Erscheinungsdinge* vor, kann ich unter zwei Gesichtspunkten zusammenfassen. Einerseits habe ich, einen in Platons Dialog *Phaidros* artikulierten Gedanken aufnehmend, Schönheit als Erscheinungsqualität verstanden. Was schön ist, erscheint auf besonders intensive Weise – es ist nichts als Erscheinen. Es erscheint und geht in seinem Erscheinen auf. Entsprechend sind Kunstwerke als schöne Dinge ‚Erscheinungsdinge'; alles Dingliche an ihnen ist ihrem Erscheinen unterstellt, sodass umgekehrt das Erscheinen eines Kunstwerkes wesentlich das seiner wahrnehmbaren Dinglichkeit ist – man sieht ein Bild in seiner Farbe, erfährt ein Musikstück ertönend und liest ein Gedicht in seinem Sprachklang.

Das hat Konsequenzen dafür, wie die Bestimmtheit der schönen Dinge zu verstehen ist: Weil diese, sofern sie schön sind, in ihrem Erscheinen aufgehen, kommt es nicht wesentlich darauf an, was sie faktisch sind und welche feststellbaren Eigenschaften sie haben. Zwar ist ein Ölgemälde klarerweise ein Ölgemälde, eine Skulptur aus Bronze ist genau das, was sie ist. Doch mit dieser Feststellung ist die Schönheit solcher Dinge nicht getroffen. Schöne Dinge gehen in ihrer begrifflichen Bestimmbarkeit nicht auf. Dass Cézannes *La carrière de Bibémus* ein auf Leinwand gemaltes Ölbild mit den Abmessungen 65 x 81 cm ist und außerdem zur Sammlung des Museum Folkwang in Essen gehört, ist zwar richtig, aber im Hinblick auf die Schönheit des Bildes uninteressant. Was faktisch über das Bild gesagt werden kann, ist schnell verstanden, und man kann es im Allgemeinen auf sich beruhen lassen, während das Bild in seiner Schönheit unerschöpflich ist. In der ‚dezentralen Ordnung' der Bildoberfläche erscheinen seine Farben und Formen immer wieder neu.

Diese Charakterisierung des Schönen und der schönen Dinge finde ich nach wie vor einleuchtend; bisher habe ich keinen Anlass gesehen, sie zu revidieren. Allerdings hat die in *Erscheinungsdinge* entwickelte Konzeption als *allgemeine* Bestimmung der Kunst eine Schwäche, die wohl unvermeidlich ist. Weil eine solche Bestimmung auf *alle* Kunstwerke in ihrer Schönheit zutreffen soll, kann sie den Kunstwerken im Besonderen nicht wirklich gerecht werden. Über jede besondere Kunstform und jedes besondere Kunstwerk lässt sich mehr sagen, als in *Erscheinungsdinge* gesagt ist – besonders über jene Kunstform, die den Zweifel an den mir vertrauten Kunstphilosophien geweckt hatte, die Gefäßkunst, die Kunst, zu der die Teeschalen gehören, die ich im Nomura-Museum betrachtet hatte.

Wenn ich bedenke, dass diese Teeschalen meine zu *Erscheinungsdinge* führenden Überlegungen motiviert hatten, ist es nicht ohne Paradoxie, dass die Gefäßkunst in meinem Buch nur am Rand vorkommt. Wahrscheinlich hatte ich mit den Werken dieser Kunst noch zu wenig Erfahrung, so dass ich für sie nur wenige Worte fand, anders als für Bilder, Skulpturen, Bauwerke oder Gedichte. Ich weiß noch nicht einmal, welche Gefäße genau es waren, die ich im Nomura-Museum betrachtet hatte. Ich habe mir die Namen von Künstlern und Herkunftsorten nicht gemerkt, wahrscheinlich, weil sie mir nichts sagten. Aber es waren von allen Gefäßen die wichtigsten, die ich sah, weil sie mich auf die Spur der Gefäße brachten.

Nachdem ich einmal auf diese Spur gesetzt war, kamen zu der im Nomura-Museum gemachten Erfahrung allmählich weitere hinzu, und mit den Jahren wurden sie immer deutlicher und reflektierter. So entdeckte ich den Reichtum der gefäßkeramischen Kunst, und immer häufiger kam mir dabei die Frage nach dem Kunstcharakter von Gefäßen in den Sinn. Ich lernte sehr verschiedene

Gefäße kennen, die mich beeindruckten, ganz andere als meine ersten Teeschalen. Das machte eine Antwort auf die Frage nach dem Kunstcharakter von Gefäßen nicht leichter.

Immerhin fand ich Anhaltspunkte dafür, dass die Frage sinnvoll ist oder sogar unabweisbar. Wie ich entdeckte, ist die Gefäßkunst von anderen Künsten nicht so isoliert, wie ich unter dem Eindruck der kanonischen Kunstphilosophien angenommen hatte. Gefäße, so entdeckte ich, können mit anderen Kunstwerken korrespondieren oder im Kontext anderer Kunstformen erscheinen. Edmund de Waal hat seine sehr zarten Gefäße mit Elementen kombiniert, die an Skulpturen Donald Judds erinnern, Young-Jae Lee hat ihre Schalen und Vasen vor Gemälden Emil Schumachers aufgestellt und so auf diese antworten lassen. Raku Kichizaemon, der fünfzehnte und gegenwärtige Meister des Hauses Raku, baut Teeschalen mit Oberflächen, die an das amerikanische *,Action Painting'* erinnern und übrigens, wie alle Raku-Keramik, mit den heftig craquelierten, nach dem Brand in Sand oder Sägemehl abgekühlten Produkten, die ,Raku' genannt werden, nur den Namen gemeinsam haben. Mit seinem klaren Blick für die ,westliche' Malerei hat Kichizaemon auch die Nähe der Teeschalen Chôjirôs, des ersten Raku-Meisters, zu Bildern von Mark Rothko entdecken können. Markus Brüderlin hat in seiner Ausstellung *Japan und der Westen* gezeigt, wie japanische Gefäße mit der Bildkunst des zwanzigsten Jahrhunderts korrespondieren, zum Beispiel Shirô Tujimuras schwarze Teeschalen mit der Malerei Joseph Marionis. Die Gefäße Horst Kerstans sind nicht selten von Bildern inspiriert, zum Beispiel von denen Eduardo Chilidas oder Julius Bissiers. Gefäßkunst, skulpturale Kunst und Bildkunst können sogar in einer Person vereinigt sein. Der Maler Phil Sims macht auch Skulpturen aus Ton und baut als gelernter Gefäßkeramiker befremdlich zerborstene Teeschalen, denen wiederum seine *Chawan*-Bilder entsprechen. Zum Werk Kei Tanimotos gehören neben Gefäßen wie Teeschalen, Sakebechern und Reisschalen auch Keramik- und Tuschebilder sowie Objekte, die skulpturale Vasen oder aus der Vasenform hervorgegangene Skulpturen sind.

Doch Gefäße sind keine Skulpturen, und sie sind keine Bilder. Von einer ,Nähe' oder ,einer Korrespondenz' zwischen Bildern oder Skulpturen und Gefäßen kann man sinnvollerweise nur sprechen, wenn diese voneinander verschieden sind – Nähe und Korrespondenz gibt es nicht ohne Abstand. Ein und derselbe Künstler würde kaum malen und Gefäße drehen oder bauen, wenn beides einfach dasselbe wäre. Nicht zuletzt die Verbindung der Gefäßkunst mit anderen Künsten bestätigt also, dass Gefäße etwas Eigenständiges sind und deshalb im Kunstcharakter von Skulpturen und Bildern nicht aufgehen. Ein Krug zum Beispiel, der von Picasso so bemalt ist, dass er wie ein Vogel aussieht, wird dadurch kein Vogelbild und keine Vogelskulptur. Er bleibt ein Gefäß – eines, das ein Spiel mit der Möglichkeit ist, ein Vogelbild oder eine Vogelskulptur zu sein, doch ein solches Spiel nur als Gefäß sein kann. Entsprechend lässt sich sein Kunstcharakter nicht in der Orientierung am Kunstcharakter von Bildern oder Skulpturen bestimmen.

Für ein Gefäß, das nichts darstellt, sondern, wie eine Teeschale, nichts als ein Gefäß ist, gilt das erst recht. Dass es verschieden von Bildern und Skulpturen ist, versteht man sofort, wenn man es nicht nur anschauen, sondern in die Hände nehmen möchte, um zu spüren, wie es in den Händen liegt, wie seine Oberfläche sich anfühlt und wie schwer oder leicht es ist. Mit Bildern und Skulpturen macht man so etwas nicht. Vielleicht möchte man ein Gefäß, wenn man es schon in den Händen hält, auch gebrauchen, und das wäre möglich, während man Bilder und Skulpturen nur anschauen kann.

Aber der Gebrauch eines Gefäßes kann als solcher nicht die Erfahrung seines Kunstcharakters sein. Dann wäre jedes Gefäß, das sich gut gebrauchen lässt, ein Kunstwerk, und so ist es ganz offensichtlich nicht – auch banale Gefäße können gut zu gebrauchen sein. Und als ich die Teeschalen im Nomura-Museum betrachtete, sah ich sie durch das trennende Glas der Vitrine hindurch und damit ähnlich, wie man sonst Bilder betrachtet – auf Abstand und zugleich in der Gewissheit, dass die Gefäße in der Vitrine Kunstwerke seien. Eine Teeschale, die sich gebrauchen lässt, ist also nicht deshalb ein Kunstwerk; ihre Schönheit geht in ihrer Brauchbarkeit nicht auf. Sie ist die Schönheit von etwas, das ein brauchbares Gefäß ist und dennoch, sofern es schön ist, nicht in seiner Brauchbarkeit erscheint. Doch was erscheint da? Was bleibt von einem Gefäß, wenn man von seiner Brauchbarkeit absieht?

Es ist schwierig, diese Fragen direkt zu beantworten. Gefäße sind als Gebrauchsdinge so selbstverständlich, dass man kaum von ihrer Brauchbarkeit absehen kann, um für ihr bloßes Erscheinen Worte zu finden. Doch vielleicht gibt es aus dieser Schwierigkeit einen Ausweg. Es ist eigentlich ein Umweg, nämlich der Versuch, das Erscheinen von Gefäßen indirekt zu erkunden. Nicht selten wird etwas verständlicher, wenn man es indirekt erfährt. Ein Text zum Beispiel, der sich beim direkten Lesen nicht erschließt, kann durch die Lektüre einer Interpretation zugänglicher werden. Und manchmal lassen Darstellungen in der ihnen eigenen Indirektheit etwas sehen, dass man direkt nicht erkennen würde. So heben Photographien in Schwarzweiß Aspekte der sichtbaren Welt hervor, die bei der direkten Erfahrung dieser Welt in ihrer Farbigkeit ungesehen bleiben. Gewiss können indirekte Darstellungen das Dargestellte und seine direkte Erfahrung nicht ersetzen. Sie sind, im Gegenteil, umso aufschlussreicher, je deutlicher sie als Darstellungen erkennbar sind und so auf die dargestellte Sache verweisen. Dann geben sie die Möglichkeit, diese neu in den Blick zu nehmen, statt alle Aufmerksamkeit an sich selbst zu binden. So könnte es auch mit der Darstellung von Gefäßen sein, vor allem dann, wenn mit ihr die Erscheinung von Gefäßen erkundet werden soll und so auch das Erscheinende, die Gefäße. In diesem Sinne versteht man, was ein Gefäß ist, vielleicht über das Erscheinen von Gefäßen im Bild.

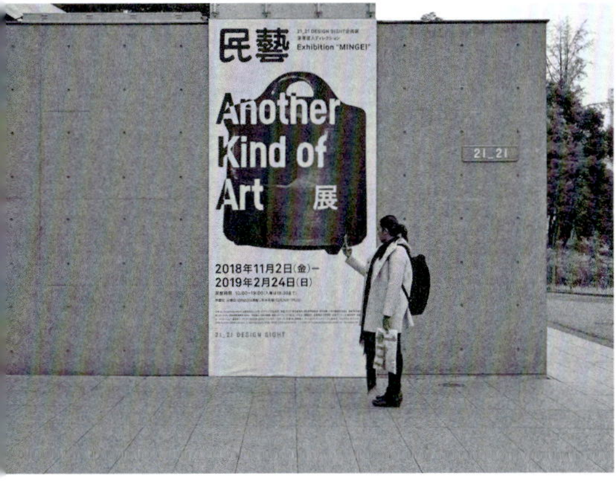

1. 21-21 Design Sight, Tokyo.

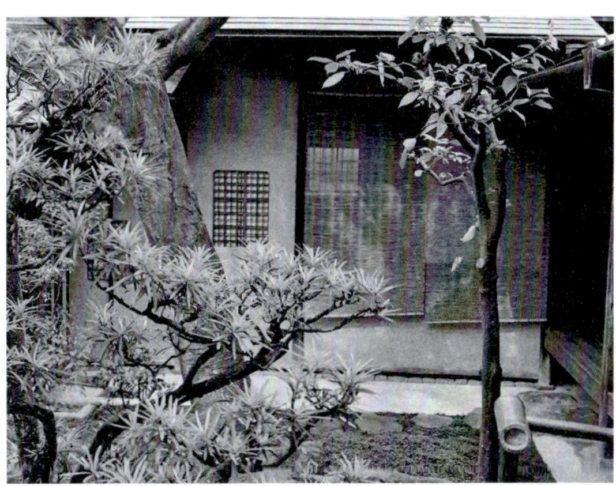

2. Teehaus im Tempel Kohrin-in, Daitoku-ji, Kyoto.

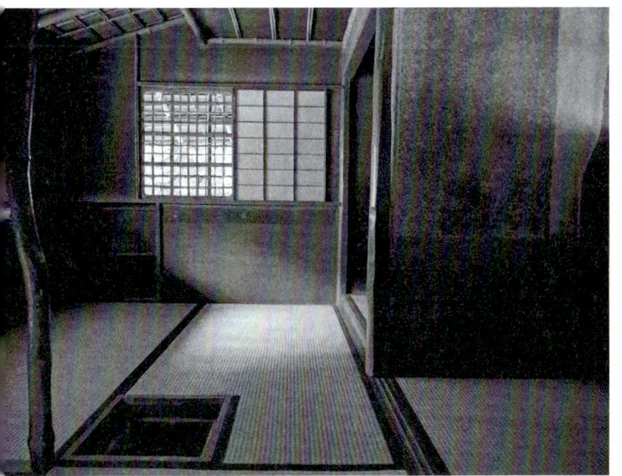

3. Teeraum im Tempel Kohrin-in, Daitoku-ji, Kyoto.

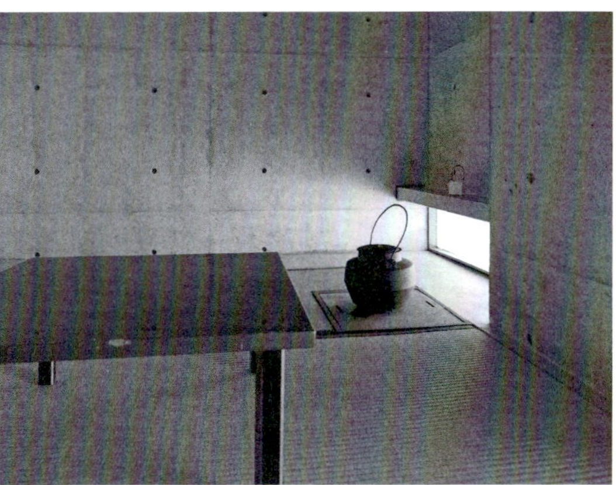

4. Tadao Ando, Teeraum im Yamaguchi-Haus, Takarazuka, Hyôgo.

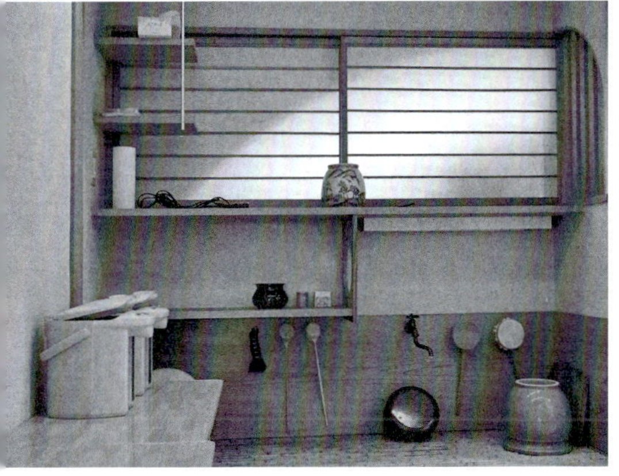

5. Tadao Ando, Teehaus im Yumebutai-Komplex, Awaji-shima, Hyôgo.

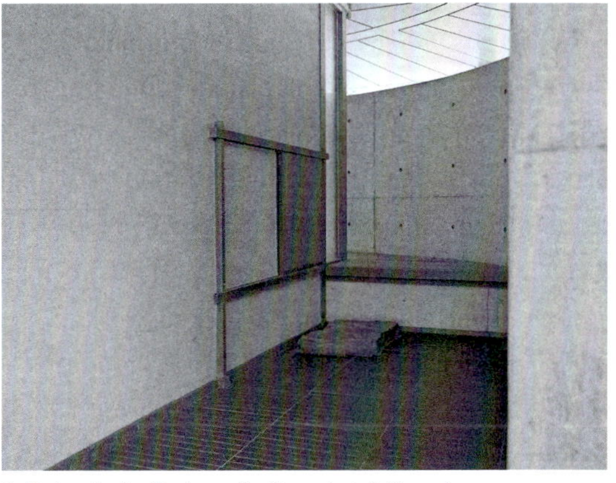

6. Tadao Ando, Teehaus im Yumebutai-Komplex, Vorbereitungsraum, Awaji-shima, Hyôgo.

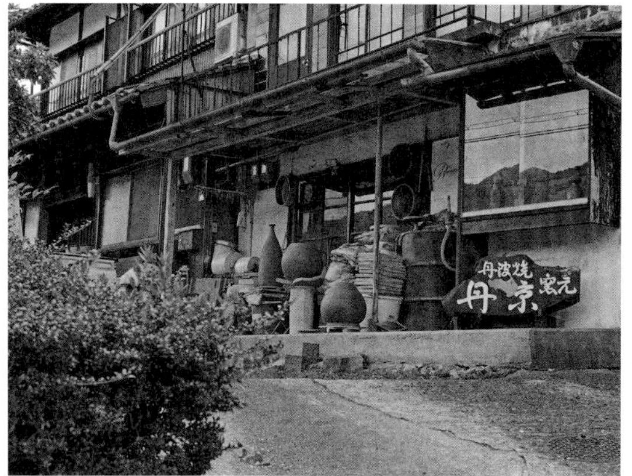

7. Keramikwerkstatt in Tamba, Hyôgo.

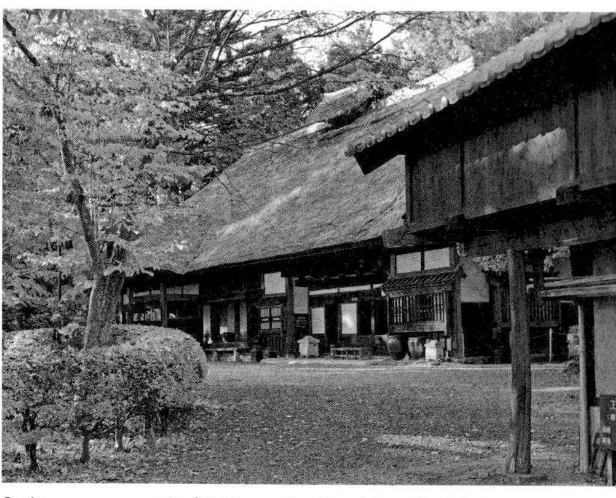

8. Anwesen von Shôji Hamada, Mashiko, Tochigi.

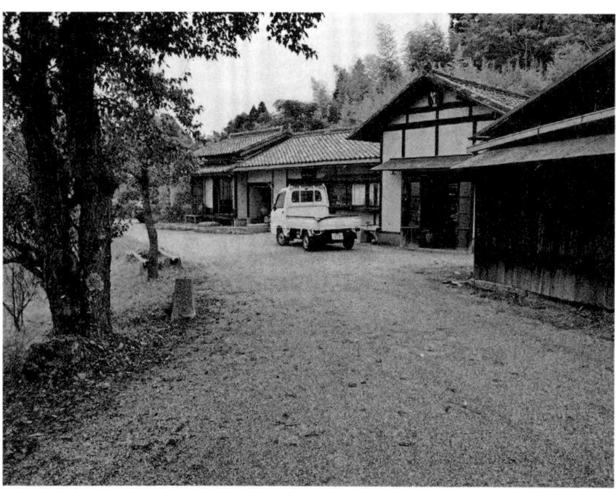

9. Werkstatt Takashi Tanimoto, früher Kosei Tanimoto, Iga, Mie.

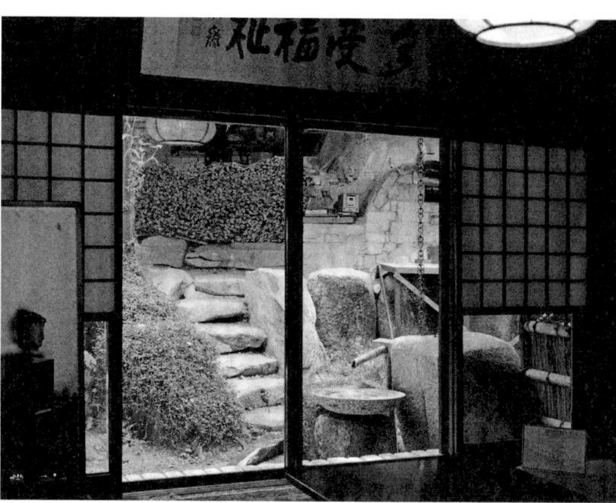

10. Haus Katô, Blick auf den Anagama, Mino, Gifu.

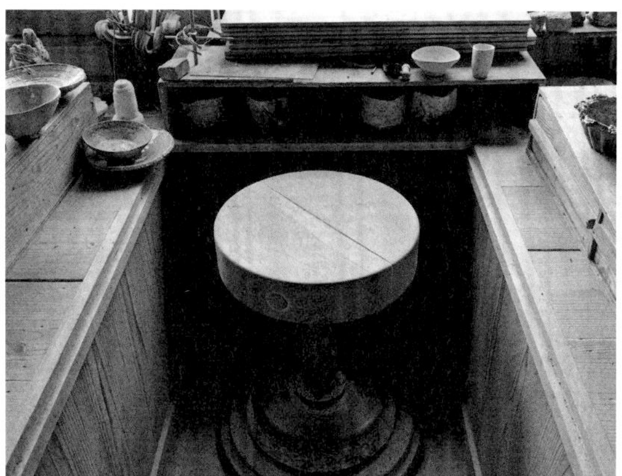

11. Arbeitsplatz von Kei Tanimoto mit Töpferscheibe, Iga, Mie.

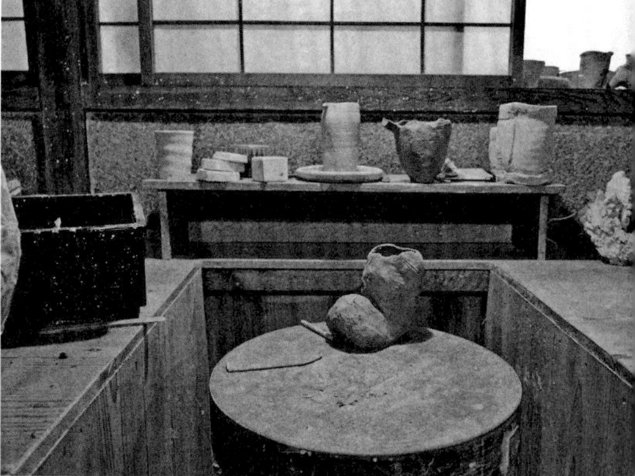

12. Arbeitsplatz von Takashi Tanimoto mit Töpferscheibe, Iga, Mie.

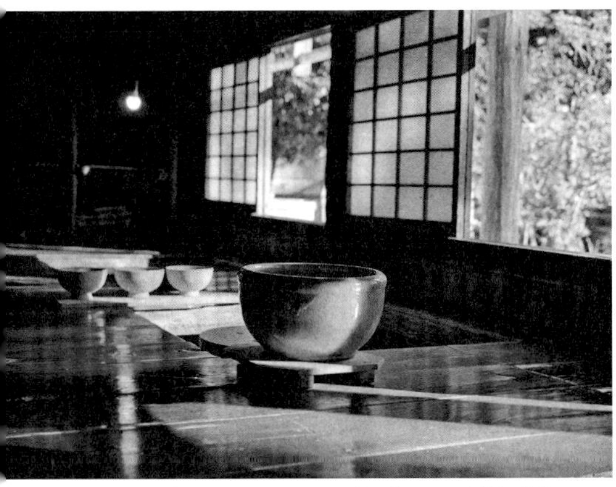

13. Werkstatt Shôji Hamada, musealer Zustand, Mashiko, Tochigi.

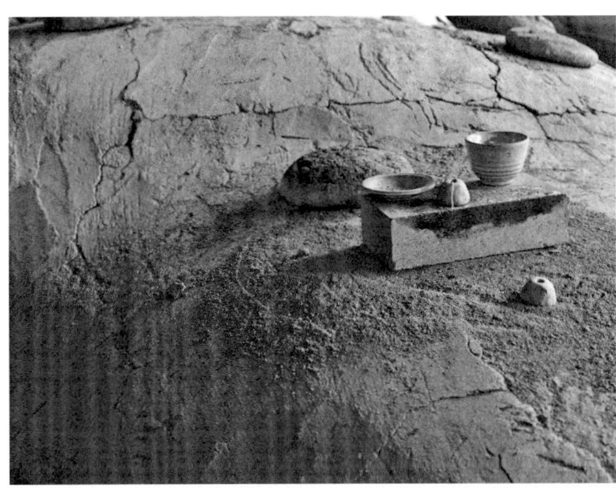

14. Werkstatt Masaru und Katsuki Ichino, Anagama mit Altar, Tamba, Hyôgo.

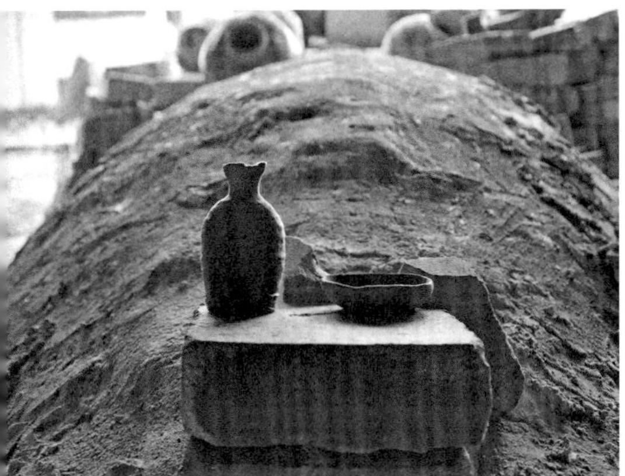

15. Werkstatt Kei Tanimoto, Anagama mit Altar, Iga, Mie.

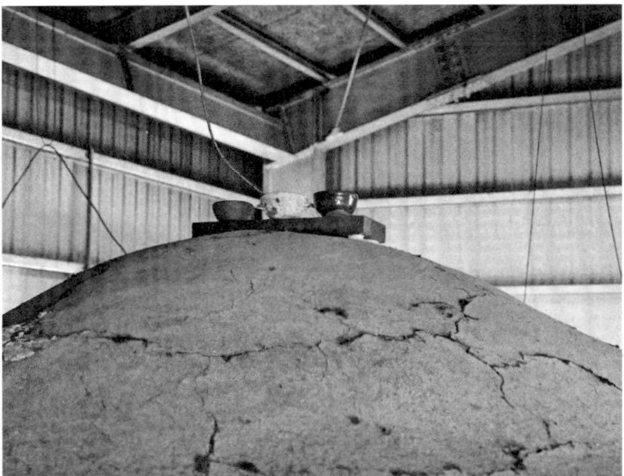

16. Werkstatt Kazu Yamada, Anagama mit Altar, Echizen, Fukui.

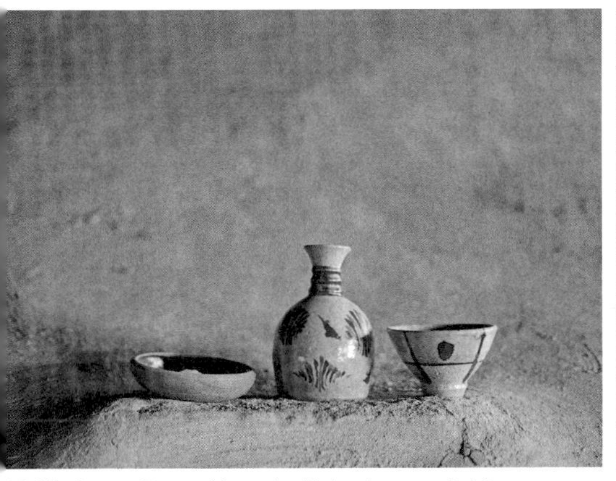

17. Werkstatt Tomoo Hamada, Noborigama mit Altar, Mashiko, Tochigi.

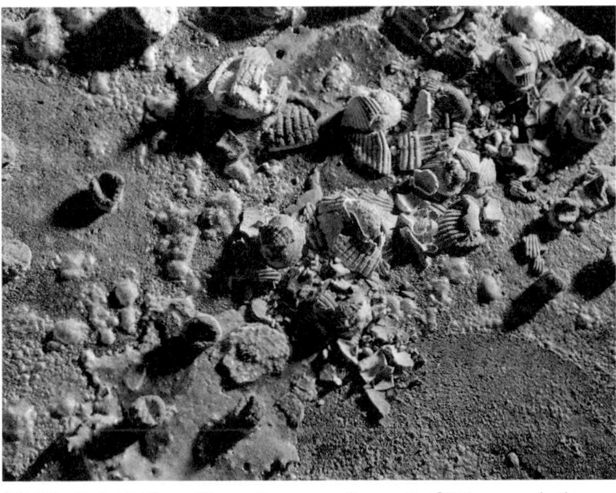

18. Werkstatt Kazu Yamada, ausgebrannte Stützmuscheln, Echizen, Fukui.

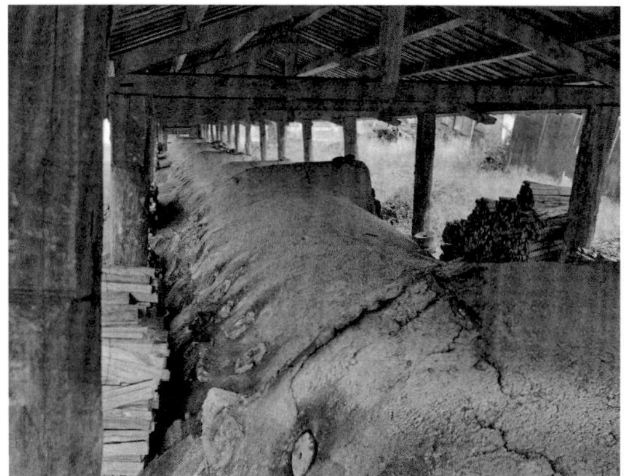
19. Noborigama in Tamba, Hyôgo.

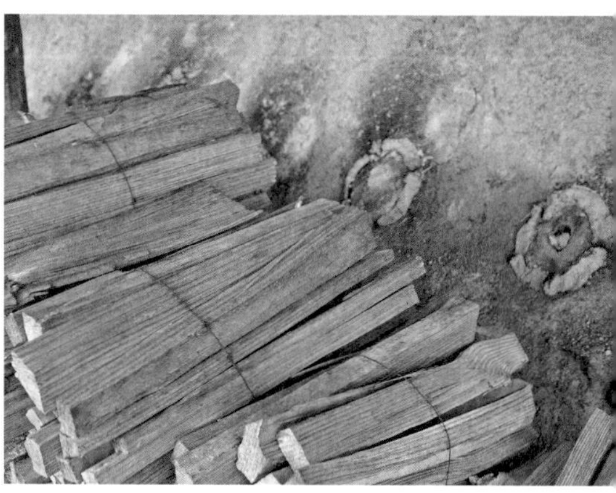
20. Noborigama in Tamba, Hyôgo.

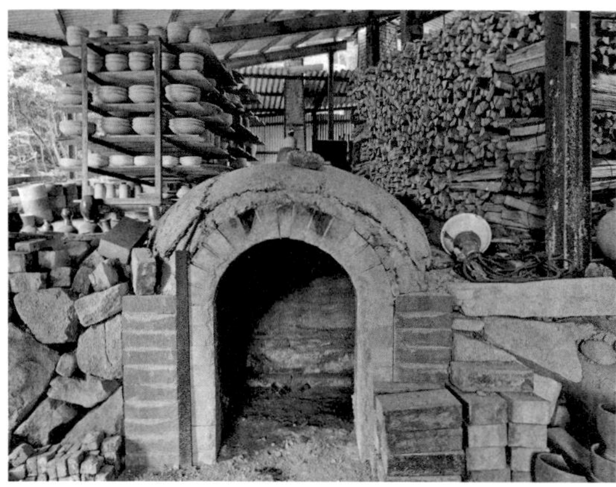
21. Anagama, Werkstatt Masaru und Katsuki Ichino, Tamba, Hyôgo.

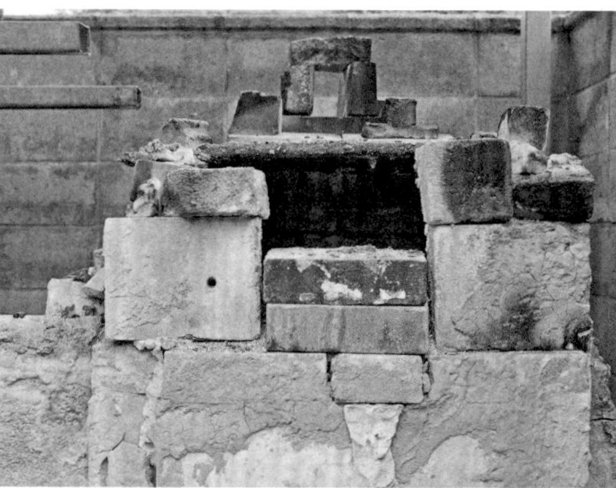
22. Ofen für Raku-Keramik, Werkstatt Kei Tanimoto, Iga, Mie.

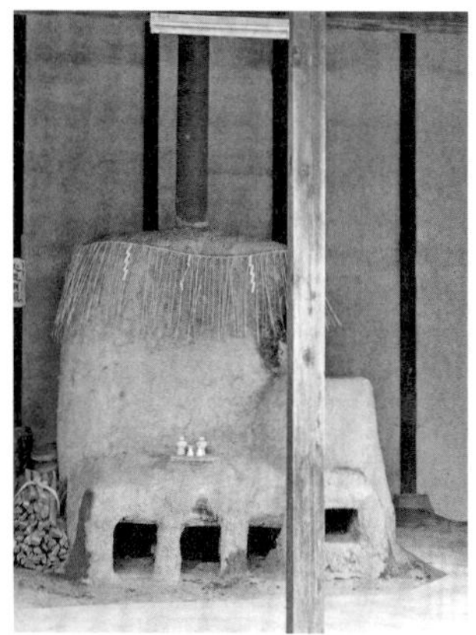
23. Kleiner Ofen, Werkstatt Kanjirô Kawai, musealer Zustand, Kyoto.

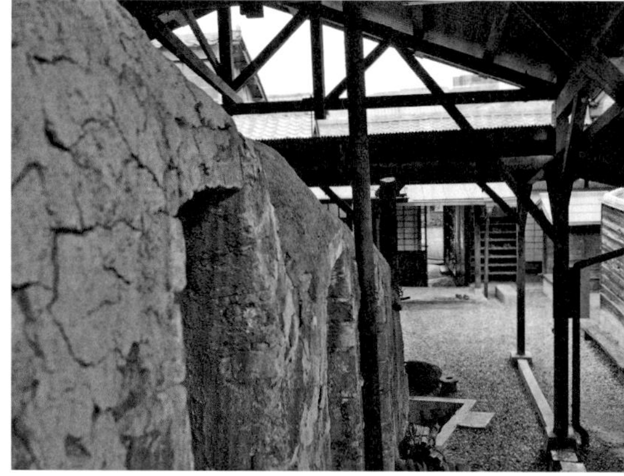
24. Noborigama, Werkstatt Kanjirô Kawai, musealer Zutand, Kyoto.

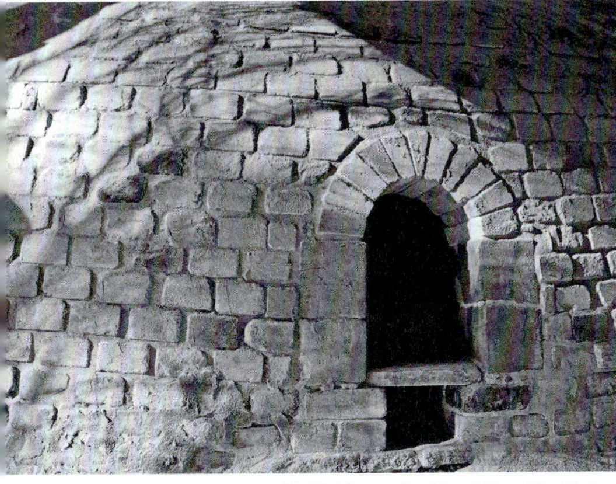

25. Noborigama, Werkstatt Shôji Hamada, Mashiko, Tochigi.

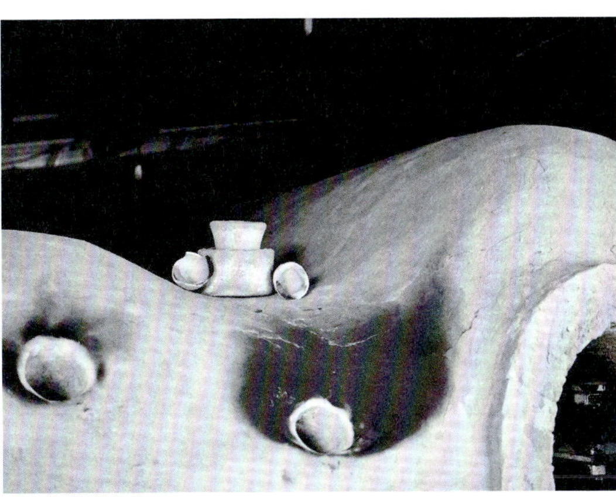

26. Noborigama, Werkstatt Tomoo Hamada, Mashiko, Tochigi.

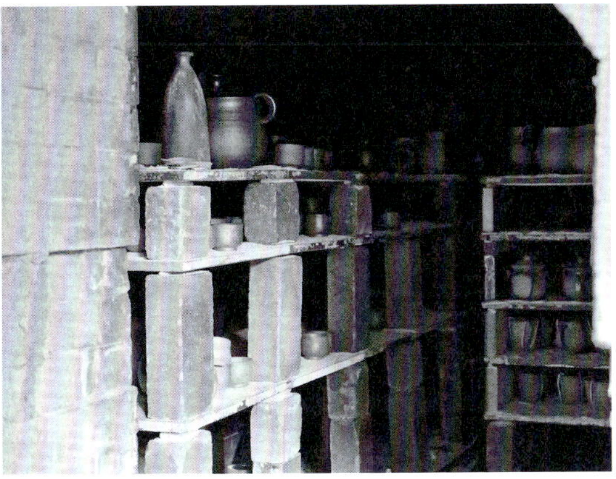

27. Noborigama mit frisch gebrannten Gefäßen, Werkstatt Kozô und Hajime Kimura, Bizen, Okayama.

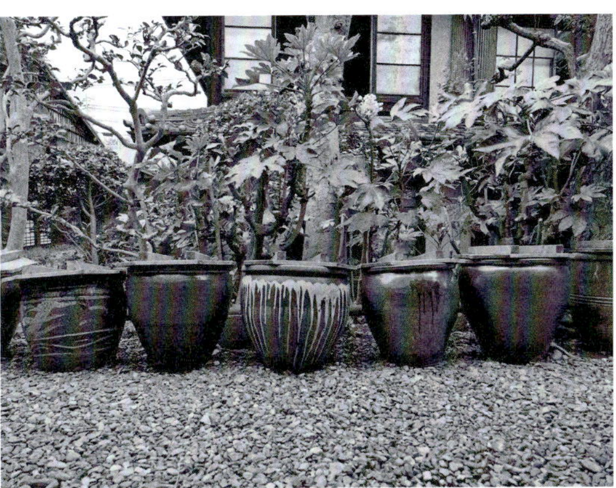

28. Gefäße für Glasuren, Werkstatt Kanjirô Kawai, musealer Zustand, Kyoto.

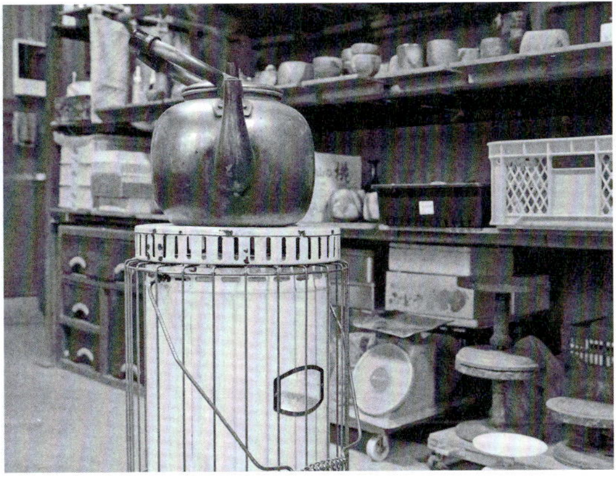

29. Werkstatt in Bizen, Okayama.

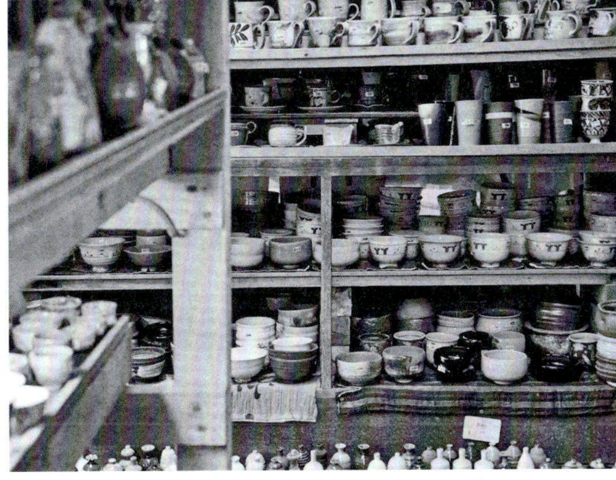

30. Laden mit Töpfereiwaren in der Nähe von Nara.

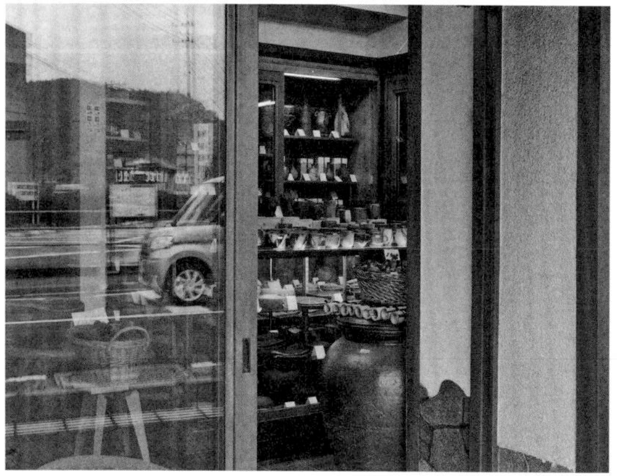

31. Galerie in Bizen, Okayama.

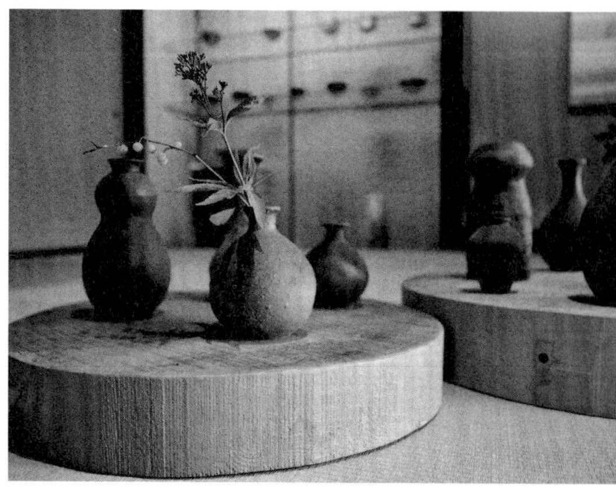

32. Galerie Nichi-Nichi, Kyoto.

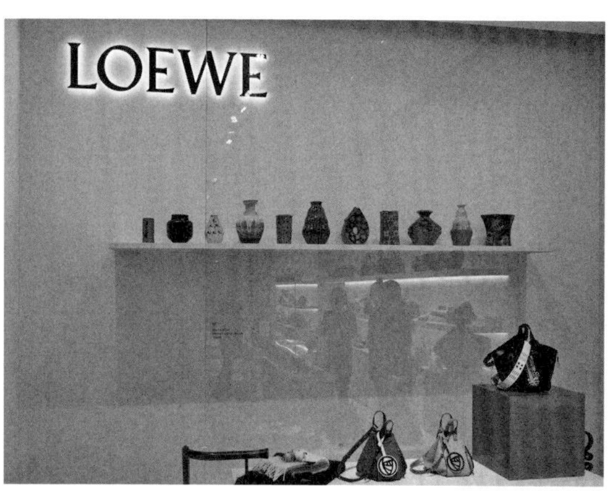

33. Vasen von Tomoo Hamada in der *Loewe*-Boutique, Omotesandô, Tokyo.

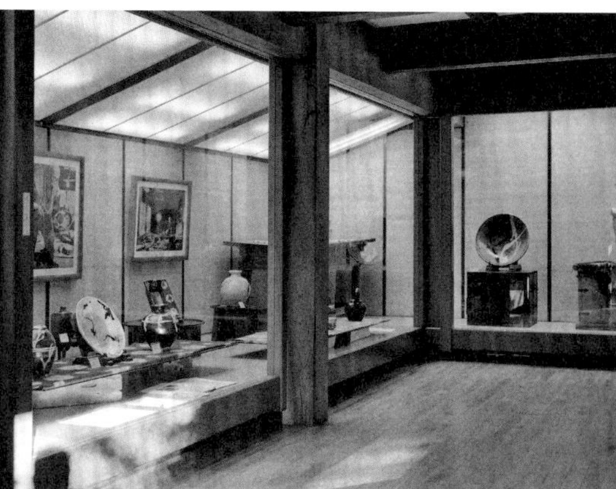

34. Hamada-Museum, Mashiko, Tochigi.

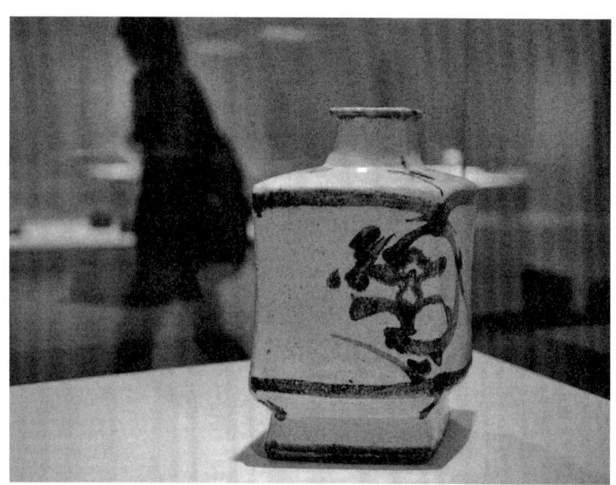

35. In der Ausstellung *Kawai Kanjirô* im *Museum of Ceramic Art* Hyôgo, 2018, Tamba, Hyôgo.

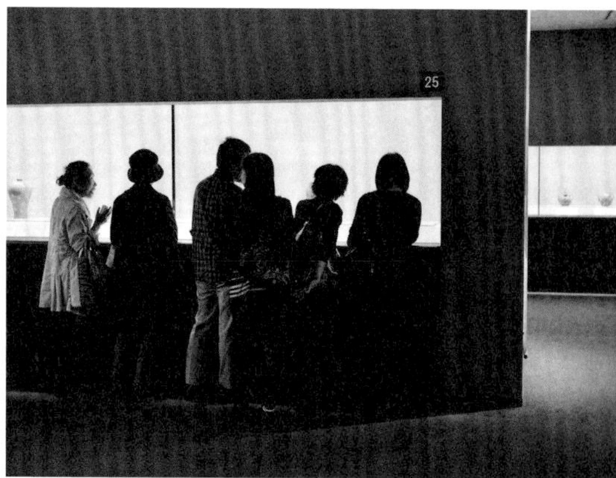

36. *Museum of Oriental Ceramics* Osaka.

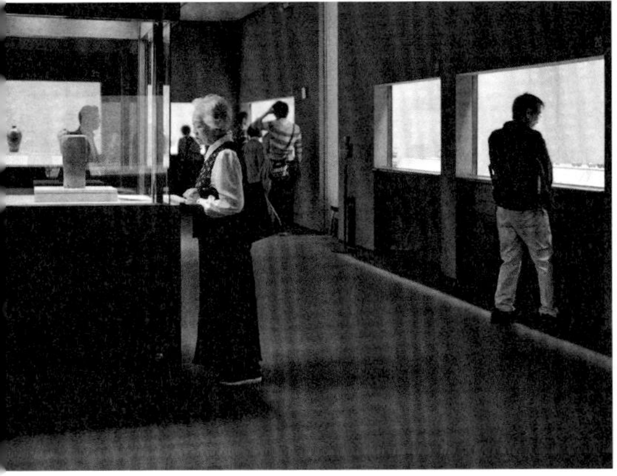
37. *Museum of Oriental Ceramics* Osaka.

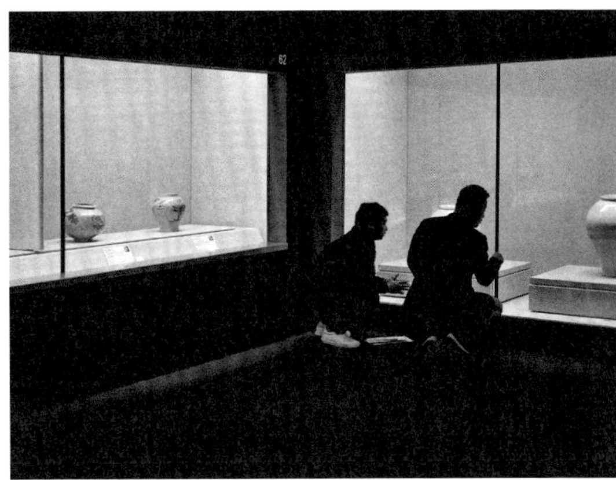
38. *Museum of Oriental Ceramics* Osaka.

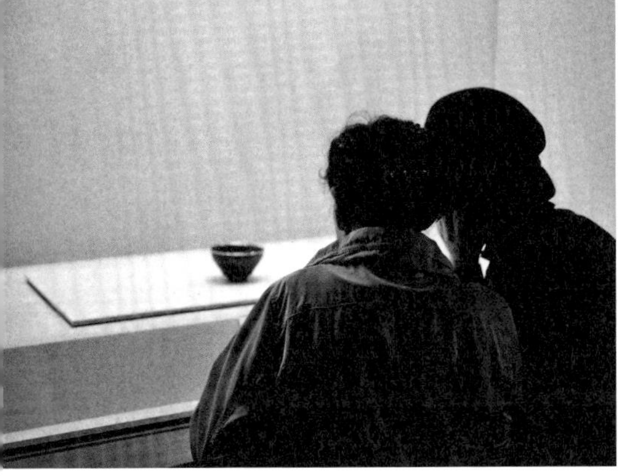
39. *Museum of Oriental Ceramics* Osaka.

Umweg über Bilder

Die Darstellung von Gefäßen gehört wie selbstverständlich zur Bildkunst. Seit es Stillleben gibt, und es gibt sie in der ‚westlichen' Kunst bereits seit der Antike, sind Gefäße ein beliebtes Motiv. Das ist naheliegend, denn Gefäße halten still, so dass man sie in Ruhe zeichnen oder malen kann. Unter den Dingen, die stillhalten, bieten Gefäße sich außerdem dadurch als Bildmotiv an, dass sie zwar alltäglich, aber markant sind – Formen, die ins Auge fallen. Schließlich sind Gefäße auch darin besondere Dinge, dass ohne sie das Leben fast undenkbar ist – sie gehören zur Kultur wie nur wenige andere Dinge. Tische und Stühle braucht man nicht, man kann auf dem Boden sitzen. Doch ist es schwierig, ohne Becher zu trinken. Ein Trinkgefäß zu benutzen, ist fast natürlicher als das Schöpfen von Wasser mit hohlen Händen oder gar nur mit einer Hand. In menschlichen Wohnungen, seien es Höhlen, Häuser oder Zelte, sind Gefäße allgegenwärtig, auch für Zeichner oder Maler, die nach Motiven schauen.

Dennoch ist es ungewöhnlich, dass ein Maler sich so beharrlich den Gefäßen widmet, wie Giorgio Morandi es getan hat. Morandi hat zwar auch Landschaften gemalt, sehr eigentümliche Landschaften, doch wer seinen Namen hört und mit diesem etwas anfangen kann, denkt wohl zunächst an seine Gefäßbilder, an seine Flaschen, Vasen, Krüge, Dosen, Becher und Schalen, meist in sehr zarten Farben gemalt, helles Grau, helle Blautöne, heller Ocker und sehr helles Rot – kräftige Farben sind in diesen Bildern selten. Die Gefäße, die Morandis Motiv waren, sind erhalten. Sieht man sie, in seinem Haus in Bologna oder auf Abbildungen, kann man sich leicht vorstellen, wie er sie immer wieder neu arrangiert und auf das jeweilige Arrangement immer wieder neu, in seinen eher kleinformatigen Bildern, geantwortet hat.

Morandis Gefäßbildern fehlt alles Anekdotische. Sie zeigen keine Szenen aus dem Alltag, noch nicht einmal eindeutig identifizierbare Interieurs. Die Gefäße stehen neben- und hintereinander, in dichten Gruppen, zwischen ihnen gibt es im Allgemeinen nur wenig Abstand. Die Fläche, auf der sie stehen, ist unbestimmt – weder Tisch noch Regal noch Boden, lediglich eine Fläche, in hellen Braun- oder Grautönen und gegen einen meist helleren und ebenso unbestimmt bleibenden Hintergrund abgegrenzt. Von der Fläche, auf der sie stehen, und ebenso vom Hintergrund heben sich die Gefäße zwar deutlich ab. Doch die Farbtöne, in denen sie gemalt sind, unterscheiden sich als solche von denen des Hintergrunds und der Fläche nicht. So gehören die Gefäße ins Bild – in farblicher Harmonie mit Fläche und Hintergrund zusammen. Es ist diese Farbharmonie, die stimmige, in ein kreidiges, vielfach gebrochenes Weiß als Grundton zurückgenommene Leuchtkraft der Farben, die Morandis Bilder bestimmt.

Was lernt man von Morandi über Gefäße? Lernt man überhaupt etwas über sie oder sind sie ein beliebiges Sujet für seine Malerei und wären entsprechend durch Früchte oder geometrische Körper ersetzbar? Dass auch Äpfel stilllebentauglich sind, hat Morandi gewusst – die Malerei Cézannes war ihm wohlvertraut, und er hat sie bewundert. Trotzdem hat er selbst wieder und wieder Gefäße gemalt, identifizierbare, wenngleich nicht im Detail ausgestaltete, sondern bei aller Körperlichkeit flächig bleibende Dinge. Seine Malerei nimmt die Gefäße, die ihm Motiv sind, in die Farbe zurück und lässt sie, in eigentümlicher Schwebe, ebenso aus dieser hervorgehen – als wolle jedes seiner Bilder zeigen, dass Gefäße wesentlich Farbe, farbige Oberfläche sind, und zwar von der Farbe eines Bildraums, dem jede illusionäre Tiefe fehlt, so dass auch er wesentlich Farbe ist, in seiner Weite einzig durch die Farbverschiedenheit von Standfläche und Hintergrund gegliedert und durch eine Art Horizontlinie markiert. Gefäße, so zeigen Morandis Bilder, gehören in die Farbe und mit ihr in den Bildraum, aber sie gehen im Bildraum nicht auf. Auch wenn sie, wie in Morandis Bildern, eigentümlich zurückgenommen sind, treten sie in der Kompaktheit und Körperlichkeit ihrer Oberflächen hervor.

Aber, die Frage darf wiederholt werden, warum Gefäße und nicht beispielsweise Äpfel? Warum, von Bild zu Bild, diese beharrliche Wiederholung von Flaschen, Vasen Krügen, Dosen, Bechern und Schalen? Vielleicht, weil Gefäße besonders markante und sehr verschieden aussehende Dinge sind und dabei solche, die im Bild ganz anders als sonst sein können, selbst anders als im Atelier auf dem Tisch. Morandis Bilder nehmen die Gefäße aus dem alltäglichen Zusammenhang heraus und stellen sie als scharf umrissene, kompakte Formen mit dichten Oberflächen in die Farbe des Bildraums. Sie verwandeln die Gefäße, indem sie ihnen alles nehmen, was sie im alltäglichen Zusammenhang hatten – die Flasche enthält keinen Wein, der Krug kein Wasser, in den Dosen wird nichts aufbewahrt, aus den Bechern lässt sich nicht trinken. Alles, was Gefäße enthalten oder auch nicht enthalten könnten, ist in diesen Bildern verschwunden.

Das ist nicht allein deshalb so, weil die Gefäße nicht mehr ‚in der Realität', sondern ‚im Bild' sind. Gewiss lässt sich aus gemalten Bechern nicht trinken. Doch ohne weiteres sind Bilder vorstellbar, die Flasche und Glas oder Krug und Becher so zeigen, wie man sie kennt. Dann wäre ihre Benutzbarkeit mit im Bild – nicht ‚real', doch als das, was sie diese besonderen Gefäße sein lässt: als ihre *Bedeutung.* Wären die Gefäße derart im Bild, verstünde man sie, ein Gefäß-Bild betrachtend, so wie alltäglich – die Flasche als Weinflasche, den Krug als Wasserkrug, den Becher als Trinkgefäß. Doch Morandis Bilder sind anders. Ohne jede Dramatik, ganz still, machen sie die Gefäße *bedeutungsleer*. Die Gefäße stehen einfach da, dicht an dicht in der Farbe ihres Bildraums, so dass die Frage, wozu sie brauchbar sein könnten, belanglos ist. Der Gedanke an die Bedeutung von Gefäßen gleitet an den Bildern ab und so auch an den Gefäßen im Bild.

Doch Morandis Bilder gehen in dieser Bedeutungsentleerung der Gefäße nicht auf. Sie zeigen auch, dass die Gefäße nicht verschwinden, wenn sie leer von Bedeutung sind. Die Bilder zeigen sie als dicht gedrängte, gegeneinander abgeschlossene und eigenständige Formen, manche von schmalen und scharfen Schatten getrennt, manche mit schmalen Hälsen aufragend, andere eher kompakt und breit, manche geschlossen und andere offen, aber nie so, dass ihre Tiefe einsehbar wäre. Vor allem zeigen die Bilder, wie die Gefäße im Bild einfach da sind, anspruchslos und, ohne widerständig zu sein, sich jedem Anspruch verweigernd. Sie sind in ihrem bildlichen Dasein für niemanden da. Zwar weiß man, dass Gefäßen ihre Bedeutung nicht willkürlich zugesprochen wurde. Sie *haben* Bedeutung – Flaschen und Krüge lassen sich zum Beispiel mit Wein oder Wasser füllen, und aus Bechern kann man trinken. Doch wie Morandis Bilder zeigen, sind Gefäße auch ohne Bedeutung Gefäße. Man kann sogar finden, dass sie, bedeutungsleer geworden, zu sich selbst gekommen sind.

Gefäße können auch ein weniger offenkundiges Bildmotiv sein als in den Bildern Morandis und trotzdem als Motiv nicht weniger wichtig. So ist es in der Kunst Julius Bissiers, vor allem in seinen Aquarellen und Eiöltempera-Bildern der fünfziger und sechziger Jahre. Manchmal bedarf es sogar eines zweiten oder gar dritten Blicks, um in den leichten oder kompakten Formen, die Bissier auf Papier oder kleinformatigen Leinwandstücken nebeneinander, manchmal auch aufeinander setzt, Gefäße zu erkennen. Doch mit einem Mal entdeckt man, zwischen transparenten Farbflächen ohne spezifische Form, ein Gefäß, und man sieht, wie es zwischen die Farbflächen gehört und sich zugleich von ihnen abhebt. So ist es auf einem Blatt, mit Aquarellfarben gemalt, in gedeckten Brauntönen, das auf den ersten Blick zwei eher kompakte Formen zeigt, eine, die keilförmig auf eine andere trifft, und eine zweite, die sich als Flasche oder Vase erkennen lässt, gedrungen, mit recht engem und kurzem Hals. Das Gefäß steht nicht, sondern schwingt, ebenso wie die Keilform, wobei der Schwung durch die unregelmäßige Form des Blattes und einen über dem Gefäß tanzenden Klecks noch betont wird. Auf einem anderen Blatt, ebenfalls ein Aquarell und auch in gedecktem, dieses Mal ins Umbra spielenden Braun, ist wieder eine Flasche oder Vase, zu sehen, eine gewichtige Fläche, die andererseits aussieht, als sei sie schräg ins Bild geflogen und dabei erst fertig geworden. Zwar hat das Gefäß einen deutlich konturierten, sich dunkel abhebenden Hals, aber ist doch am Boden und an einer Seite der Wand wie hingewischt, mit einem Pinsel, dessen Strich fein auslaufende Spuren hinterlassen hat. Das Gefäß neigt sich einem Spiel recht breit gezogener Linien zu, von denen zwei ein ‚T' bilden, und es korrespondiert mit einer Form, vielleicht einer Fruchtform, die offen und bergend ist und etwas Dunkelrotes birgt, das ein zweites ‚T' sein könnte – oder ist es ein Gefäß mit zwei sich gerade ablösenden Henkeln?

Die Beschreibung ließe sich fortsetzen. Einmal auf die Gefäßformen in Bissiers Aquarellen und Eiöltempera-Bildern aufmerksam geworden, wird man solche immer wieder entdecken, und auch, wenn man die Erkundung auf die Holzschnitte und die Tuschearbeiten ausweitet, findet man immer wieder Gefäße. Das muss nicht wundern, wenn man weiß, dass Gefäße auf den Maler eine große Anziehungskraft hatten. Er besaß eine Sammlung japanischer Teekeramik, die er von seinem Freund und Mentor, dem Freiburger Ethnologen und Kunstsammler Ernst Grosse, bekommen hatte, darunter eine wunderbare schwarze, sehr dünnwandige Teeschale von Ryônyû, dem Raku-Meister der neunten Generation. Bissier war außerdem mit Richard Bampi befreundet, der seine Keramikwerkstatt in Kandern hatte, südlich von Freiburg und nördlich von Basel. Mit Bampis Dreher Wilhelm Gimbel zusammen hat Bissier auch Gefäße gestaltet; er hat sie entworfen und die von Gimbel ausgeführten Entwürfe bemalt.

Man könnte Bissiers Gefäßbegeisterung mit seiner Nähe zur ostasiatischen Kunst im Allgemeinen erklären wollen – vielleicht als Nebeneffekt seiner intensiven Beschäftigung mit der chinesischen und japanischen Tuschemalerei, auf die er auch durch Grosse gebracht worden war. Aber dass Gefäße, wie beschrieben, immer wieder in Bissiers Bildern vorkommen, erklärt man auf diese Weise nicht. Man muss es auch nicht erklären – man muss nur hinsehen und am besten nicht nur Bissiers spätere Arbeiten in Betracht ziehen, sondern auch seine frühen Tuschebilder. Dann sieht man, dass ihn ein Thema immer wieder beschäftigt: die Spannung von Geschlossenheit und Offenheit, von Einschließen und Ausschließen. Bissier malt kompakte Formen, gegen die etwas von außen andrängt, ohne in sie eindringen zu können, zum Beispiel eine auf einen Felsen *‚aufprallende Woge'* (1939), er malt Samenkapseln, uterale und nestartige Formen – lauter Gebilde, die einschließen und einschließend bergen und damit zugleich ausschließen.

Einschließend und ausschließend sind auch die Gefäße der späteren Bilder. Doch bedeuten diese Gefäße kein natürliches und erst recht kein organisches Ein- und Ausschließen mehr – sie sind einfach, was sie sind, als Gefäße ein- und ausschließend und darin auf eigentümliche Weise raumhaft. Indem sie Gefäße in die Fläche des Bildraums legen, zeigen Bissiers Bilder die Zugehörigkeit der Gefäße zum Raum. Sie evozieren keine Vorstellungen dreidimensionaler Körper, die sich mit etwas, einer Flüssigkeit zum Beispiel, füllen ließen, sondern realisieren das Ein- und Ausschließen direkt mit den Möglichkeiten des Bildes. Aquarell- oder Eiöltemperafarbe, auf Papier oder Stoff aufgetragen, bildet distinkte, meist klar konturierte und dabei transparente Flächen, die in den leicht grundierten Bildraum gehören und in ihm miteinander korrespondieren. Nicht indem er Gefäße abbildet, sondern indem er ein- und ausschließende Gefäßumrisse oder Gefäßsilhouetten malt, zeigt Bissier den raumhaften Charakter der Gefäße.

Wie die Bilder Morandis so zeigen auch Bissiers Aquarell- oder Eiöltempera-Bilder Gefäße ohne Bedeutung. Dass Flaschen, Krüge, Becher oder Schalen zu benutzen wären, kommt einem auch bei der Betrachtung seiner Bilder nicht in den Sinn. Und wie in der Kunst Morandis liegt das auch in Bissiers Bildern nicht daran, dass bildlich dargestellte Gefäße als solche nicht benutzbar sind. Wie Morandi nutzt Bissier das Medium der Malerei, um hinter die Benutzbarkeit und damit hinter die Bedeutung der Gefäße zurückzugehen und die Gefäße einfach *an sich* zu zeigen – so wie sie als Gefäße sind. Das geschieht bei ihm eher beiläufig, indem er Gefäßformen in das Spiel transparenter Farbelemente versetzt, damit sie an diesem Spiel teilhaben. In den schwebenden Korrespondenzen des Bildraums kommt so wie von selbst ihr ein- und ausschließendes Gefäßwesen zur Erscheinung.

Bissiers Malerei umspielt das Gefäßthema eher, als dass sie es zum Hauptthema machte; sie lässt sich von ihm nicht beherrschen und kann so zeigen, wie Gefäße, raumhaft wie sie sind, in den hellen und luftigen Raum der Bilder gehören. Morandi hingegen lässt seine dicht arrangierten Gefäßgruppen aus der Farbe des Bildraums, in die sie gehören, hervorkommen. Bedeutungsleer geworden, zeigen seine Gefäße sich mit farbdichten Oberflächen, als standfeste Körper. In der Malerei Bissiers hingegen haben die Gefäße, so voluminös sie auch sein mögen, das Schweben gelernt.

Was sich bei der Betrachtung der Bilder Morandis und Bissiers erfahren lässt, kann uns auch anders als in Bildern begegnen. In den Bildern ist eine Erscheinungsmöglichkeit der Gefäße frei geworden und eigens in die Erscheinung gebracht, die oft, vielleicht sogar meist, nicht gesehen wird, weil im Allgemeinen die Bedeutungsseite der Gefäße dominiert. Das heißt jedoch nicht, diese Erscheinungsmöglichkeit trete bei realen Gefäßen ganz hinter ihrer Bedeutung zurück. Was die Bilder an den Gefäßen sichtbar machen, sieht man bei realen Gefäßen immer auch mit, doch meist, weil man auf die Bedeutung eingestellt ist, ohne auf das Mitgesehene zu achten. Auch Gefäße mit Bedeutung, brauchbare Gefäße, haben Oberflächen und sind von kompakter oder leichter Körperlichkeit, auch sie sind raumhaft, ein- und ausschließend, mehr oder weniger geschlossen, mehr oder weniger offen. Diese Erscheinungsmöglichkeit der Gefäße sieht man so unmittelbar, dass man sie meist ‚übersieht' und sofort, die Bedeutung der Gefäße verstehend, beim möglichen oder wirklichen Gebrauch ist. Doch immer sieht man auch die in den Bildern gezeigte Erscheinungsmöglichkeit der Gefäße, und man fühlt sie, wenn man ein Gefäß in die Hand nimmt, also auch beim Gebrauch, denn ohne ein Gefäß in die Hand zu nehmen, könnte man es nicht gebrauchen. Sofern die von Morandis und Bissiers Bildern gezeigte Erscheinungsmöglichkeit der Gefäße ihre unmittelbare Wahrnehmbarkeit ist, kann man sie, mit einer Modifikation des griechischen Wortes für Wahrnehmung, *aisthesis,* auch die ästhetische nennen.

Die ästhetische Erscheinung der Gefäße ist von ihrer Bedeutungserscheinung verschieden. Anders könnte sie, wenn man ganz auf die Bedeutung eingestellt ist, nicht übersehen werden. Die Verschiedenheit zeigt sich umgekehrt auch daran, dass etwas sich wahrnehmen lässt, ohne dass man seine Bedeutung kennt. Dann erscheint es einfach als ein Ding, das ein bestimmtes Aussehen und eine bestimmte Größe hat, ohne dass man in ihm einen bestimmten Zweck erkennen und so etwas mit ihm anfangen könnte. Das Umgekehrte ist nicht möglich. Nichts kann eine Bedeutung haben, ohne dass es wahrnehmbar wäre, denn könnte es sich nicht irgendwie für die Wahrnehmung zeigen, wäre es buchstäblich nichts und also gar nicht da.

Demnach ist die ästhetische Seite von etwas seiner Bedeutungsseite nicht gleichgeordnet. Das Ästhetische ist die Grundlage für die Bedeutung, es trägt sie, und ist darin *primär.* Sofern die ästhetische Grundlage von der Bedeutung nicht aufgesogen wird, sondern auch dann noch da und erfahrbar ist, wenn die Bedeutung verloren geht oder nicht bekannt ist, muss sie eigenständig sein – an sich zu erfahren und an sich zu beschreiben. Das Ästhetische hat *seine eigene Ordnung,* die, was die Erscheinung der Dinge betrifft, die *erste Ordnung* ist, zu der die Bedeutung als zweite Ordnung hinzukommt. So ist das Ästhetische, mit einem von Edmund Husserl in die Philosophie der Erscheinungen, die Phänomenologie, eingeführten Ausdruck gesagt, *primordial.* Der Ausdruck kann sich auf Verschiedenes beziehen. Im Hinblick auf die Dinge, so wie sie hier bedacht werden, ist mit ihm immer deren ästhetische Seite gemeint.

Wie die Bilder Morandis und Bissiers zeigen, kann die ästhetische Seite der Dinge, also das Primordiale an ihnen, eigens gestaltet und dabei ‚freigestellt' werden. Dann tritt es als solches hervor, und die andere Seite der Dinge, ihre Bedeutung, verschwindet. Sofern die Bilder Morandis und Bissiers die ästhetische Seite der Dinge *als Kunstwerke* freistellen, lässt sich an ihnen auch die übliche Verwendung des Ausdrucks ‚ästhetisch' erklären. Im Sinne dieser Verwendung sind Kunstwerke als solche ‚ästhetisch', und zwar darin, dass sie, als Werke der ‚schönen Kunst', schön sind. Wenn beide Bedeutungen von ‚ästhetisch' zusammengehören, müssten Kunstwerke schön sein, indem sie das Ästhetische im Sinne primordialer Wahrnehmbarkeit freistellen. Das Wahrnehmbare, das nicht mehr von der Bedeutung überlagert wird, müsste, wenn es ganz es selbst sein kann, besonders intensiv sein – so würde durch ein Bild das Sichtbare intensiviert, indem es eigens in die Sichtbarkeit gestellt würde. Diese Erscheinungsintensität der Kunstwerke wäre ihre Schönheit.

So wie die Freistellung des primordial Wahrnehmbaren an den Bildern Morandis und Bissiers beschrieben wurde, bezieht sie sich auf das Motiv dieser Bilder, also auf das, was sie darstellen: die Gefäße. Die ästhetische Freistellung der Gefäße ist in den Bildern jedoch nur möglich, sofern die Bilder selbst ästhetisch frei sind: intensive Erscheinungen, als solche bedeutungslos, als Bildraum und in ihrer Farbe rein sichtbar und darin Kunstwerke – Bilder als Kunst, die alles, was sie zeigen, zum Beispiel Gefäße, an ihrer eigenen reinen Sichtbarkeit teilhaben lassen. Ohne die Hilfe der Bildkunst blieben diese, was sie alltäglich sind – eine banale Flasche, eine simple Porzellandose mit Deckel, eine Schale aus dem Küchenschrank, Gefäße, die so oder so brauchbar sind, und also Gefäße mit Bedeutung.

Das wäre anders, wenn Gefäße selbst Kunstwerke wären. Dann müssten sie von Bedeutung freie und darin intensive Erscheinungen sein, wie Bilder es sind, die als intensive Erscheinungen auch die Gefäße, die sie darstellen, bedeutungsleer machen können. Mit dem Umweg über die Bilder Morandis und Bissiers wäre so eine Möglichkeit gefunden, Gefäße in ihrem Kunstcharakter und entsprechend die Gefäßkeramik als Kunst zu verstehen – als eine Kunst, die der Malerei in keiner Hinsicht nachsteht, sondern in vielem einfach nur anders ist als die Malerei. Der Umweg wäre dann, genau genommen, gar kein Umweg gewesen, sondern ein längerer, aber leichter zum Ziel führender Weg, auf dem man zunächst Bilder gesehen hat und von ihnen her das, was eigentlich in den Blick kommen soll, die Gefäße. Sofern man die Gefäße nun klarer und deutlicher sieht, wäre das ein Erfahrungsweg gewesen. Gefäße, das geben die Bilder zu verstehen, können Kunstwerke sein, und sie sind es, wenn sie wie in den Bildern erscheinen, aber nicht im Bild, sondern von sich aus. Entsprechend wäre die Gefäßkunst die Kunst einer direkten Freistellung von Gefäßen, die Befreiung des an einem Gefäß Wahrnehmbaren zur Schönheit. Es wäre die Kunst, die Gefäße in ihrer primordialen Ordnung gestaltend zu entdecken.

Wie geht das? Es ist, wie in der Malerei und anderen vergleichbaren Tätigkeiten, eine Frage der Kunst im ursprünglichen Sinne, wie sie durch das griechische Wort *technê* und das lateinische Wort *ars* angezeigt wird – eine Frage des künstlerischen Wissens und Könnens. Dessen Sache ist im Fall der Gefäßkunst das Aufbauen oder Drehen, Glasieren und Brennen von Gefäßen. Aber was ist ein Gefäß? Wie lassen sich die Dinge, die in Morandis und Bissiers Bildern raumhaft zu sehen waren, genauer als Gefäße bestimmen?

Allein schon das Wort ‚Gefäß' scheint darauf eine Antwort zu geben; ein Gefäß ist etwas, das etwas anderes ‚fassen' kann. Dabei ist es von mittlerer Größe, so dass man es in die Hand nehmen, in beiden Händen halten oder an einem dafür vorgesehenen Griff tragen kann – manchmal auch an zwei Griffen und manchmal nur zu zweit. In jedem Fall scheint die ‚mittlere Größe' für ein Gefäß wesentlich zu sein. Auch ein Tanker kann etwas ‚fassen', aber man sagt von einem Tanker nicht, er sei ein Gefäß – unter anderem, weil er zu groß ist. Ein Tanker ist kein Ding, und Gefäße sind Dinge, solche mit Fassungsvermögen und als Dinge mittelgroß. Nun müsste man nur noch sagen, *was* sie fassen können oder sollen, und man hätte Gefäße in spezifischer Hinsicht bestimmt – zum Beispiel als Teebecher, Reisschalen oder Vasen.

Folgt man dieser im Wort ‚Gefäß' liegenden Antwort, sind Gefäße in ihrer Bedeutung bestimmt. Das ist nicht unangemessen, denn die meisten Gefäße haben eine Bedeutung. Doch bedenkt man das Machen von Gefäßen und also die Gefäßkunst, sieht man bald, dass die Bedeutung eines Gefäßes für diese Kunst gar nicht so wichtig ist. Zwar sind die meisten Gefäße für einen bestimmten Zweck gemacht; sie sind zum Beispiel Teebecher, Reisschalen oder Vasen, und sie müssen eine besondere und irgendwie charakteristische Form haben, um den Zweck, der ihre Bedeutung ausmacht, zu erfüllen. Aber Teebecher, Reisschalen und Vasen können in Form, Material und Oberfläche sehr verschieden sein, ohne dass ihre Bedeutung sich mit ihrer Verschiedenheit ändern würde. Also legt ihre Bedeutung ihr je besonderes Aussehen nicht fest. Nicht von der Bedeutung her entscheidet sich, wie ein Gefäß in seiner Besonderheit sein soll. Maßgebend für die Frage, ob ein Gefäß größer oder kleiner, leichter oder schwerer, runder oder eher zylinderförmig, mit oder ohne Glasur sein soll, ist vielmehr, was der Bedeutung vorangeht und was sie trägt, indem es die Gefäße als solche bestimmt und damit auch die Möglichkeiten ihres Aussehens: das Primordiale. Primordial ist ein Gefäß in seiner Wahrnehmbarkeit. Doch wahrnehmbar ist vieles, während ein Gefäß etwas Besonderes und in seiner Besonderheit Wahrnehmbares ist. Was also ist das Primordiale eines Gefäßes?

Die Antwort darauf liegt andeutungsweise in Bissiers Gefäßbildern, sofern diese zeigen, dass Gefäße einschließend und ausschließend sind. Auch wenn Gefäße nichts ‚fassen', schließen sie ein, nämlich Raum und zwar genauer den Raum, der durch die Gefäßwand umschlossen, ‚umwickelt' wird und so zum *Volumen* geworden ist – das Wort kommt von *‚volvere'*, und das heißt ‚rollen', ‚umwickeln'. Der umschlossene, ‚umwickelte', aber irgendwie offene *Gefäßraum* ist es, was Gefäße von anderen Dingen unterscheidet. Ein Gefäß, das ist Raum, der nicht umgibt wie der gebaute Raum der Architektur, sondern umschlossener, aber nicht vollständig geschlossener Raum ist und dabei Raum, den man – zumindest sehr oft – in die Hand nehmen kann.

Das ist, wie man einwenden könnte, nicht ganz richtig. Man nimmt nicht den Raum, das Volumen eines Gefäßes, in die Hand, sondern das Dingliche an ihm – die Gefäßwand oder, falls vorhanden, den Henkel, an dem ein Gefäß sich ergreifen lässt. Gewiss – doch ist das Dingliche eines Gefäßes allein, was es ist, sofern es das Volumen des Gefäßes begrenzt und so als das Innen eines Gefäßes vom Außen abgrenzt. Diese Begrenzung wiederum ist gegenüber Innen und Außen nicht neutral – als ob es das Innere und das Äußere gäbe und zwischen beiden eine Grenze, die unabhängig von beidem gezogen wäre. Vielmehr wird die Grenze, also die Gefäßwand, als solche zusammen *mit dem Inneren* eines Gefäßes, seinem Volumen, gebildet, und man bildet sie nur, um ein Volumen zu bilden. Was man mit der Gefäßwand sieht, ist keine äußerliche Begrenzung des Volumens; es ist seine ihm eigene *Begrenztheit.* Entsprechend ist ein Gefäß, was es ist, *von innen her* – es ist wesentlich der *Gefäßinnenraum,* der mit der Dinglichkeit eines Gefäßes in den es umgebenden Raum hineinsteht. Ein Gefäß ist *Raum im Raum*, der nicht aus dem unbegrenzten Raum herausgeschnitten, sondern in diesen hineingebildet ist. Mit der Wand eines Gefäßes sieht man diesen in den Raum gebildeten Innenraum, auch dann, wenn dieser nicht direkt einsehbar ist. Das Dingliche eines Gefäßes, die Gefäßwand, ist die Außenseite des Gefäßinnenraums. Ohne den Gefäßinnenraum verstünde man das, was man sieht, als ein massives Ding, aber nicht als Gefäß.

Die Wand eines Gefäßes kann gerade sein, von seinem Boden oder seinem ‚Fuß' bis zu seinem Rand, seiner ‚Lippe'. Sie kann ebenso über die gesamte Höhe eines Gefäßes variieren, zum Beispiel dicht über dem Fuß enger sein als an der Lippe, sie kann weiter werden und oben wieder enger. Mit der Enge und Weite der Gefäßwand drängt der Gefäßinnenraum in je bestimmter Weise in den äußeren Raum vor oder zieht sich – bei sehr schlanken Gefäßen – gleichsam aus dem äußeren Raum zurück.

Sagt man, dass die Linie der Gefäßwand weiter oder enger ‚werden' könne, beschreibt man sie, als ob sie in Bewegung sei, vielleicht orientiert an der Bewegung einer Töpferhand, die ein Gefäß formt, indem sie die Wand bildet und so den Gefäßinnenraum weiter oder enger macht. Ein fertiges Gefäß aber, das da steht, ‚wird' nicht – es ist ja fertig und so ist es einfach, was und wie es ist. Entsprechend ist es die Weite seines Gefäßinnenraums in all ihren besonderen, mit der Gefäßwand sichtbaren Weiten.

Die meist in verschiedenen Weiten realisierte Weite eines Gefäßes ist seine *Form.* Mit der Gefäßwand ist diese Form sichtbar, auch tastbar oder in den Innenflächen der Hände zu spüren. Als Form eines Gefäßes ist sie jedoch wesentlich *Raumform.* Was man spürt, wenn man zum Beispiel eine Schale in die Hände nimmt, ist einerseits die Oberfläche der Gefäßwand – man sieht und fühlt, wie sie gerade oder rund und glatt oder rau ist. Doch andererseits sieht und umfasst man mit der Gefäßwand den Gefäßinnenraum. Und man sieht oder spürt, wie dieser sich in den äußeren Raum öffnet, möglicherweise so weit, dass er in diesen übergeht, oder sich diesem gegenüber verschließt. Der Gefäßinnenraum einer flachen Schale ist nur andeutungsweise vom äußeren Raum verschieden; er ist auf den ersten Blick einsehbar und dennoch in der Rundung der Schale ein eigener Raum. Flaschen und manche Vasen sind demgegenüber am Rand so eng, dass ihr Innenraum fast geschlossen ist und so nicht direkt sichtbar. Doch es gehört zu einem Gefäß, dass Innenraum und Außenraum kommunizieren. Gefäße sind offen, und betrachtet man sie, indem man ihre Form vom Fuß und Boden bis zur Lippe verfolgt, sieht man, dass und wie sie ‚sich öffnen'. Jedes Gefäß ‚öffnet sich' irgendwie. Aber ein Gefäß kann das Sich-Öffnen auch zeigen – so eine kleine Schale von Makoto Kaneshige, die ‚Aufgebrochenes Bergpfefferkorn' *(Warisanshô)* heißt.

Ein Gebilde, das ganz verschlossen ist und nicht zu öffnen wäre, ist kein Gefäß. Andererseits ist auch ein Ding, das ‚ganz offen' ist, eine Platte oder ein Teller zum Beispiel, kein Gefäß mehr. Ein solches Ding ist kein Raum, sondern Fläche, und zwar ‚vor allem Fläche', wenn es noch andeutungsweise Schalenform hat, und es ist ‚nur noch Fläche', wenn es ganz flach ist. Wegen ihrer Flächigkeit eignen sich Platten und Teller besonders gut als Grund für bildhafte Gestaltungen, besser als Schalen oder Vasen. Nicht umsonst haben Keramik-Künstler mit einer Neigung zum Bildhaften, Shôji Hamada zum Beispiel, gern Teller und Platten gemacht und bemalt.

Das Dinghafte eines Gefäßes, sein Fuß, sein Boden und seine Wand also, können an ihrer Oberfläche von jener dichten, körperlichen Farbigkeit sein, die Morandi gemalt hat. Zwar gibt es auch Glasgefäße, bei denen die Trennung von Gefäßinnenraum und Außenraum transparent und vielleicht sogar kaum sichtbar ist. Doch je körperlicher die Oberfläche eines Gefäßes ist, desto mehr zeigt es sich als Ding. Ein nur noch kompaktes Ding, das darf wiederholt werden, wäre kein Gefäß mehr, und wo jede dinghafte, ein Volumen bestimmende Umgrenzung wegfiele, wäre gar nichts mehr da. Ein Gefäß steht demnach als solches in der Spannung zwischen Raum und Ding – es ist ein Dingraum oder ein Raumding. So ist jedes Gefäß, das banalste wie das kostbarste, ein industriell gefertigter Pappbecher, für den es gar keine Kunst braucht, eine handwerklich gut gemachte, aber nicht weiter aufregende Vase und auch eine Teeschale von der Art, wie ich sie im Nomura-Museum gesehen hatte.

Damit solche Teeschalen möglich sind, reicht die Gefäßkunst im weiteren Sinne, also die Fähigkeit, Gefäße zu drehen, möglicherweise zu glasieren und zu brennen, nicht aus. Dazu bedarf es einer Kunst, die am Schönen und genauer an der Schönheit ihrer Werke orientiert ist. Doch eine in diesem Sinne ästhetisch orientierte Kunst ist ohne das Handwerk nicht möglich. Es gibt sie nicht neben der handwerklichen Kunst, sondern nur als deren Modifikation. Wenn es, wie Walter Gropius im *Bauhaus-Manifest* aus dem Jahr 1919 festgehalten hat, „keinen Wesensunterschied zwischen dem Künstler und dem Handwerker" gibt, kann der Künstler nur „eine Steigerung des Handwerkers" sein. Auf die Gefäßkunst trifft das gewiss zu, wahrscheinlich auch auf die Malerei, und wie sollte das Komponieren von Musik ohne die Beherrschung des ‚musikalischen Handwerks' gelingen?

Trifft es im Allgemeinen zu? Wenn es nur um die Gefäßkunst geht, deren Handwerksfundament unbestreitbar ist, muss die Frage nicht beantwortet werden. Allerdings könnte sie, in anderem Kontext gestellt und erörtert, Anlass zu einer kritischen Revision des Verständnisses von Künstler und Kunst geben, vielleicht mit dem Ergebnis, dass die Kunst weniger von der Person und Selbstpräsentation der Künstler oder von ihren Vorstellungen und Gedanken abhängt als davon, dass Künstler ‚handwerklich' Werke zustande bringen, die für sich stehen können. Selbst Gropius neigt dazu, die Bedeutung der Künstler und ihrer ‚Inspiration' zu überschätzen. In einem Ton, der noch gar nicht dem später so nüchtern-sachlichen *Bauhaus* entspricht, schreibt er, die „Gnade des Himmels" lasse „in seltenen Lichtmomenten, die jenseits seines" – des Künstlers – „Wollen stehen, unbewusst Kunst aus dem Werk seiner Hand erblühen". Wenn die Kunst sich in ihren Werken erweist, braucht sie keine göttliche oder quasi-göttliche Inspiration, sondern nur ein Verständnis des Kunstwerks und seiner Schönheit. Dieses Verständnis wiederum müsste konkret sein – eine möglichst klare Vorstellung davon, wann ein Werk einer Kunst, zum Beispiel ein Gefäß, schön ist.

Was also ist die Schönheit der Gefäße? Die Frage lässt mich zunächst wieder an meine Erfahrung im Nomura-Museum denken, daran vor allem, dass ich die dort ausgestellten Teeschalen unmittelbar und ohne jeden Vorbehalt als schön empfand. Wenn das kein nur subjektiver Eindruck war, sondern eine Erfahrung der Teeschalen selbst, und wenn deren Schönheit kein bloßer Zufall war, musste bei ihrer Herstellung ein bestimmtes, von mir offenbar intuitiv geteiltes Verständnis von Schönheit leitend gewesen sein. Hatte es etwas mit der Oberfläche und der Körperlichkeit der Gefäße zu tun, damit, dass Ding und Raum in ihnen wie ausbalanciert waren und der mit der Gefäßwand irgendwie sichtbare Innenraum der Schalen frei in den Raum stand, so dass sie, ähnlich wie die Krüge, Flaschen, Becher und Schalen in Bissiers Aquarell- und Eiöltemperabildern, schwebten – in aller realen Standfestigkeit schwebten?

Ich dachte bei der Betrachtung der Teeschalen nicht an die Gefäße in Morandis und Bissiers Malerei – Bissier kannte ich damals noch gar nicht. Über Gefäße hatte ich so gut wie gar nicht nachgedacht, und etwas wie die Gefäße im Nomura-Museum hatte ich zuvor noch nicht gesehen. So fand ich für das Erfahrene nur wenige und unzureichende Worte. Hätte ich damals mehr über den Zusammenhang gewusst, in dem die Teeschalen, die mich so ansprachen, entstanden waren, so hätte mir klar sein können, dass die Mischung aus Faszination und Ratlosigkeit, in der ich sie betrachtete, ihnen durchaus entsprach. Sie waren einer ästhetischen Entdeckung zu verdanken, die zu einem bis dahin – und vielleicht immer noch – ungewöhnlichen Verständnis von Schönheit geführt hatte. Es war wirklich eine Entdeckung, keine willkürliche Setzung, die aus einer nur konventionellen Vorstellung des Schönen ausbrach, um ihr gegenüber eine andere Vorstellung zu behaupten; den Entdeckern dieser Schönheit ging es nicht darum, eine ästhetische Position zu beziehen. Es ging ihnen um die eigentümliche Schönheit der Gefäße.

Auch für mich war die Erfahrung dieser ungewöhnlichen Schönheit eine Entdeckung. Indem ich nach und nach, im Zusammenspiel von Anschauung und Reflexion, meine bis dahin gültigen ästhetischen Vorstellungen revidierte, erschloss sich mir die Gefäßkunst wie ein neuer Kontinent. Mit der Gefäßkunst entdeckte ich außerdem jene Kunst der Moderne, die mir zuvor eher rätselhaft geblieben war – die ,reduzierte', ,minimalistische', zum Beispiel die strengen Raumskulpturen von Donald Judd und Carl Andre, auch die Malerei, die jede Bedeutung ausschaltet und nur der Farbe vertraut, die Bilder von Mark Rothko, Agnes Martin, Barnett Newman und vielen anderen mehr. Sie ließen mich auch Bilder, die mir schon lange wichtig waren, vor allem die von Monet und Cézanne, anders sehen. So wurden mir die Gefäße, wie ich sie damals entdeckt hatte, zum ästhetischen Maßstab.

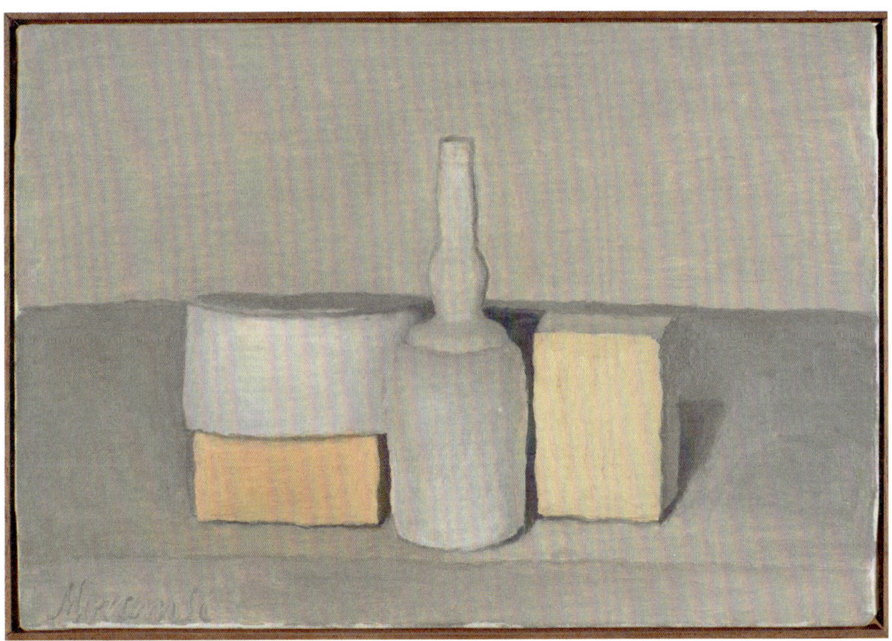
Giorgio Morandi, Natura morta, 1952, Öl auf Leinwand, 40,6 x 46 cm, Photographie: Bernhard Strauss

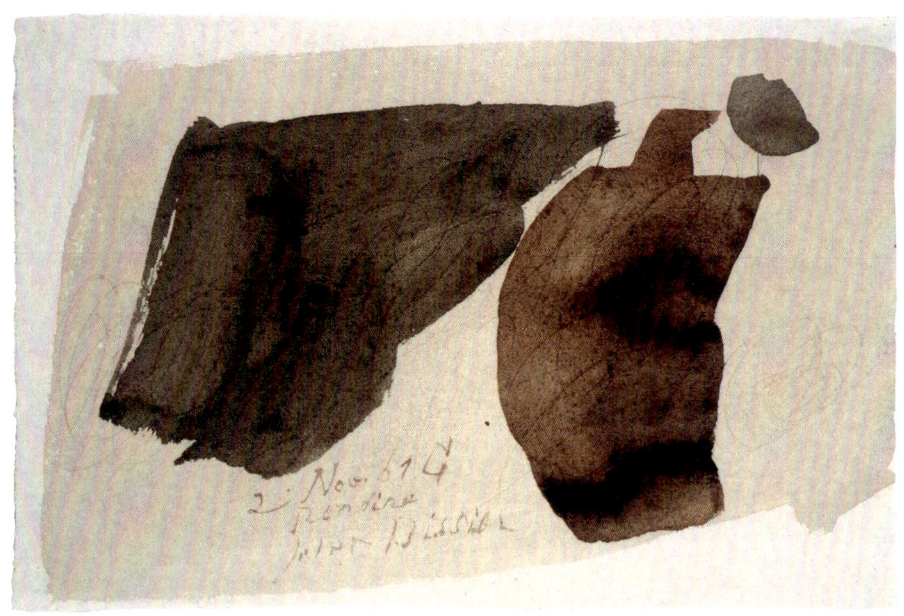

Julius Bissier, 2.Nov.61 G Rondine, 1961, Aquarell, 16,2 x 24,5 cm, Provenienz: Archivio Bissier, Ascona

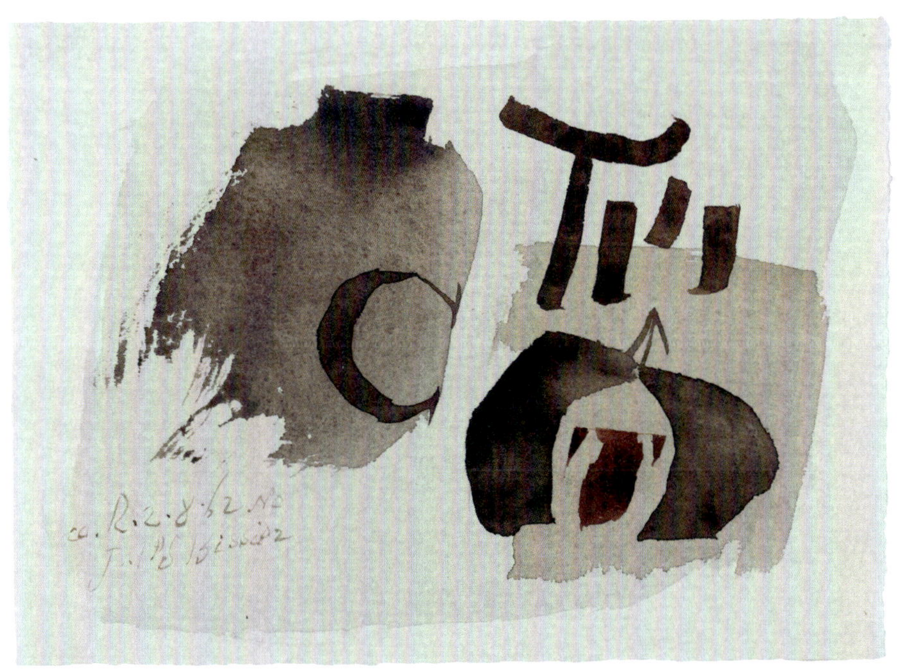

Julius Bissier, ca.R.2.6.62 No, 1962, Aquarell, 17,5 x 24,3 cm, Provenienz: Archivio Bissier, Ascona

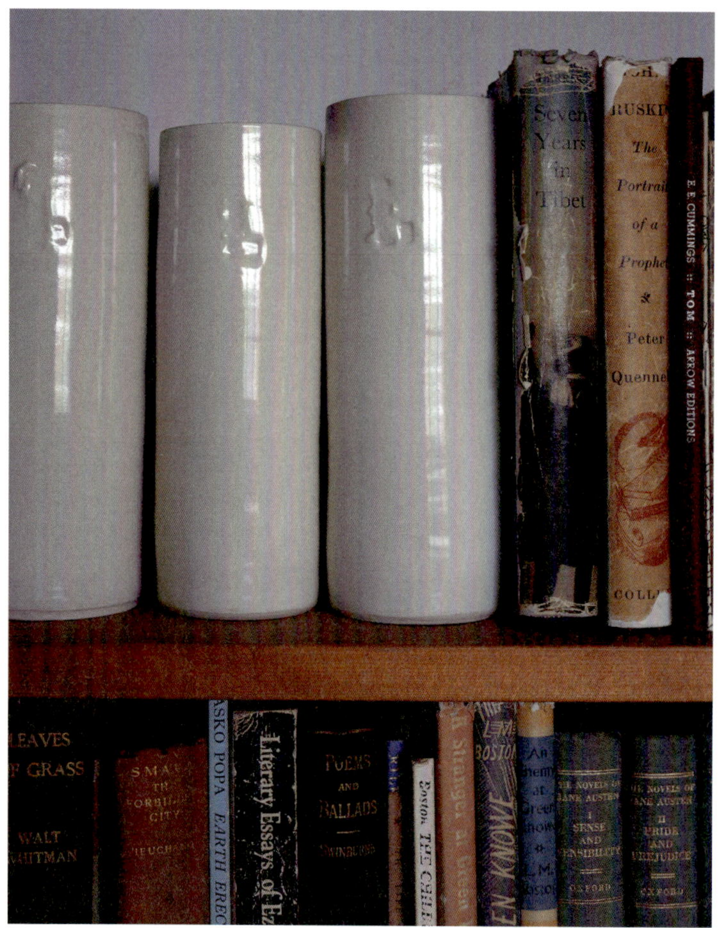

Edmund de Waal, A Reading Silence, 2007, Installation Kettle's Yard, Photographie: Hélène Binet

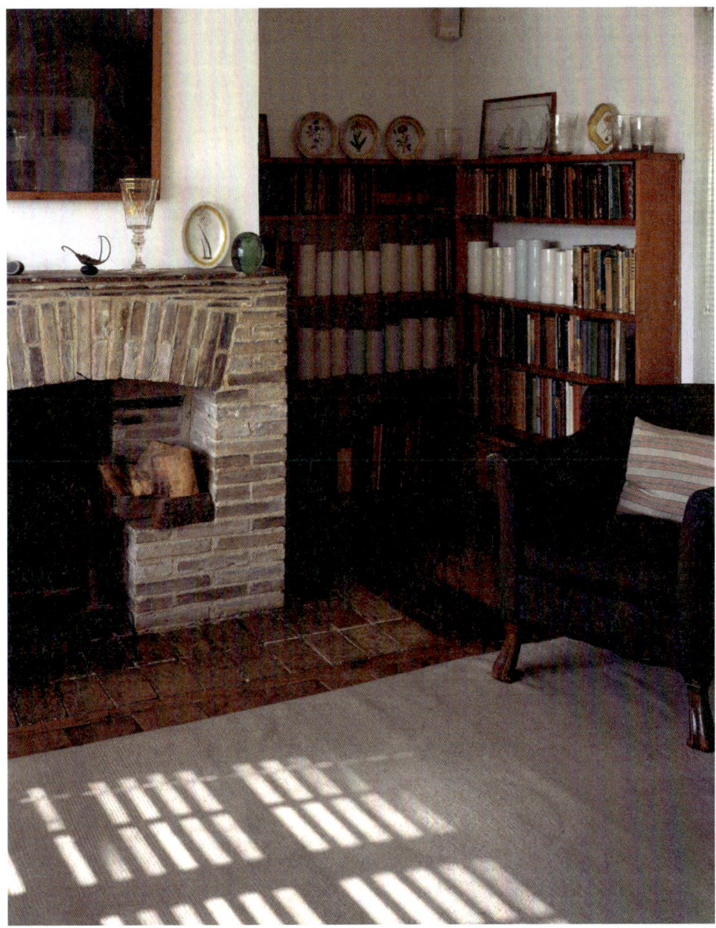

Edmund de Waal, A Reading Silence, 2007, Installation Kettle's Yard,
Photographie: Hélène Binet

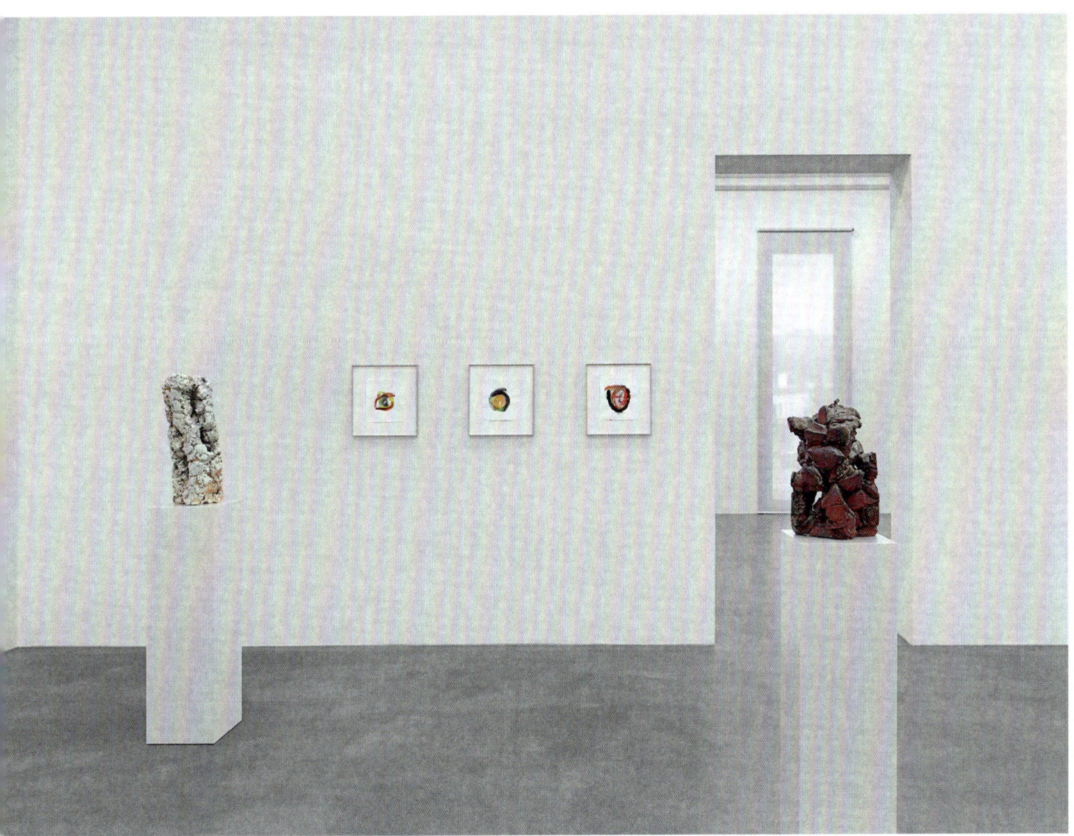

Phil Sims, Kunstraum Alexander Bürkle

Von links nach rechts:
untitled sculpture, 2007, Ton mit natürlicher Ascheglasur, 57 x 20,5 x 22 cm
untitled watercolor, 2009, Aquarell auf Papier, 25 x 23 cm
untitled watercolor, 2009, Aquarell auf Papier, 25 x 23 cm
untitled watercolor, 2009, Aquarell auf Papier, 25 x 23 cm
untitled sculpture, 2007, Ton mit natürlicher Ascheglasur, 50 x 29 x 28 cm

Keummi Paik-Bauermeister, 2018, Öl und Acryl auf Leinwand, 25 x 20 cm

Die Schönheit der Gefäße

Die Entdeckung, mit der Keramik wie die im Nomura-Museum ausgestellte möglich wurde, ist im Japan des späten sechzehnten und frühen siebzehnten Jahrhunderts, in der Azuchi-Momoyama-Zeit, gemacht worden. Sie gehört, wie die recht vage Bezeichnung ‚Teekeramik' andeutet, in den Zusammenhang einer Kultur der Geselligkeit, die durch den gemeinsamen Genuss von Tee bestimmt ist. Unter zenbuddhistischem Einfluss und so auch in Erinnerung daran, dass die Teekultur ganz wesentlich Mönchskultur gewesen ist, ist sie zu einer Praxis gelassener Aufmerksamkeit geworden, bei der es weniger um den Teegenuss und das ihn begleitende Gespräch geht als darum, die Gastlichkeit in aller nur möglichen Klarheit zu leben, ohne jede Ablenkung durch Gedanken an anderes und im Bewusstsein, dass jedes Zusammentreffen einzig und unwiederholbar ist. Dazu gehörte und gehört nach wie vor, die zur Bewirtung von Gästen mit Tee gehörenden Handlungen und Gesten möglichst bedacht auszuführen und das bei dieser Bewirtung verwendete Gerät möglichst sorgfältig zu gebrauchen. Diese Sorgfalt schließt die Auswahl der Geräte und vor allem der Gefäße ein. Es ist alles andere als gleichgültig, aus welchen Schalen man *Matcha* trinkt, in welchem Gefäß das Teepulver aufbewahrt wird und in welchem das frische Wasser bereitsteht, das man in einen Kessel über einem Holzkohlenfeuer schöpft und erhitzt.

Sofern bei der Teezusammenkunft alles auf die Bedachtsamkeit und Sorgfalt eines im Grunde alltäglichen Tuns ankommt, ist ihre Bezeichnung als ‚Teezeremonie' denkbar ungeeignet. Das lateinische Wort *‚caeremonia'* bezeichnet vor allem die Ehrfurcht, mit der eine heilige Handlung ausgeführt wird, und auch eine solche Handlung selbst. Wenn von Zeremonien in einem weiteren Sinne die Rede ist, so dass sie Krönungen und Staatsakte einschließen, bleibt der Charakter des Religiös-Feierlichen erhalten, und ein repräsentatives Moment kommt hinzu. Von dieser Art ist die Teezusammenkunft nicht. Sie ist weder religiös noch repräsentativ. Deshalb ist für sie das japanische Wort *chanoyu,* das einfach ‚für Tee heißes Wasser' *(cha no yu)* bedeutet, in seinem *understatement* viel angemessener.

Für die skizzierte Entwicklung des *Chanoyu* zu der Form, die nach wie vor praktiziert wird, ist vor allem eine Person verantwortlich: Sen no Rikyû (1522 – 1591), ein aus Sakai stammender, dann in Kyoto ansässiger Kaufmann mit koreanischen Vorfahren, der in seinen späteren Jahren vor allem als ‚Teemeister' tätig war – als Gestalter und Organisator von Teezusammenkünften. Weil Sen no Rikyû das *Chanoyu* als eine Kultur der Einfachheit verstand – das Wort darf zunächst vage bleiben – wählte er auch möglichst einfache Gefäße. Als Teeschalen dienten zunächst ganz alltägliche Handwerksprodukte, koreanische Reisschalen vom sogenannten *Ido*-Typ, konische, engere oder weitere Gefäße auf einem schmalen Fuß mit einer warmgelben Glasur, die auf den aus Sparsamkeit nicht vorgebrannten Scherben aufgetragen wurde und deshalb riss und, vor allem oberhalb des Fußes, zu perlenartigen Gebilden einschrumpfte.

Doch es blieb nicht bei solchen *objets trouvés.* Sen no Rikyû beauftragte einen in Kyoto lebenden Töpfer mit chinesischen Vorfahren, Chôjirô, Teeschalen zu machen, die seinem Verständnis des *Chanoyu* entsprachen. Es waren jene schwarzen oder ziegelroten Gefäße, eher breit ausladend, unterschiedlich hoch, doch immer auf schmalem Fuß, wie ich sie – von wem auch immer gemacht – im Nomura-Museum gesehen hatte. Chôjirô hat eine Form gefunden, die neben der *Ido*-Form für Teeschalen kanonisch geworden ist.

Wie ich später lernte, ist diese Form möglicherweise durch die Brennkapseln angeregt worden, mit denen man im Holzbrandofen Gefäße, die vor dem Brand glasiert wurden, vor dem Ascheanflug schützt. Jedenfalls war die Form für Teeschalen ungewöhnlich. Aber sie ist zweckmäßig – in Schalen der Chôjirô-Form ist es besonders gut möglich, den Tee schaumig aufzuschlagen, und sie liegen gut in der Hand. Gerade, wie sie ist, umschließt die Wand solcher Schalen das Innere der Gefäße wie eine runde Mauer, statt es, wie die einer konischen Schale, ins Unbegrenzte des umgebenden Raumes zu öffnen. So haben die Schalen eine ebenso dingliche wie raumhafte Präsenz.

Sen no Rikyû, so mag schon deutlich geworden sein, wollte etwas ganz Neues. Seine Hinwendung zur koreanischen Reisschale als Teegefäß und erst recht sein Auftrag an Chôjirô ist eine Abwendung von der Art der Teeschale, wie sie vor seiner Reform der Teezusammenkunft in Gebrauch war. Das waren vor allem chinesische Gefäße, in ihrer Form den koreanischen *Ido*-Schalen nicht unähnlich, doch von feinster Machart, mit einer oberhalb des Fußes oft in Tropfen auslaufenden *Temmoku*-Glasur, einer Glasur von zwischen Schwarz und Dunkelbraun changierendem Grundton, die an der Oberfläche Eisenkristalle bilden kann, so dass ungewöhnliche, irisierende Strukturen entstehen – solche zum Beispiel, die an leuchtend blaue, schwimmende oder schwebende Zellgebilde denken lassen, auch an die flirrenden Lichter des Sternenhimmels. Eine besonders schöne Teeschale dieser Art ist während der Song-Dynastie, im zwölften oder dreizehnten Jahrhundert, entstanden und im *Museum of Oriental Ceramics* in Osaka zu sehen, die wohl berühmteste, ein ebenfalls in der Song-Zeit entstandenes Gefäß, im *Seikado Bunko Art Museum* in Tokyo. Beide Schalen gehören zur *Jian*-Keramik, beide sind in Japan *National Treasures*.

Betrachtet man diese Schalen, so wird man sie wahrscheinlich schön finden; sie sind keine normalen zum Teetrinken bestimmten Gefäße, die vor allem in dieser Bedeutung verstanden würden, sondern von intensiver Erscheinung. In die Betrachtung der Schalen wird sehr wahrscheinlich Staunen und Bewunderung gemischt sein – Staunen darüber, dass eine solche Kristallbildung in der Glasur möglich ist, und Bewunderung der Meisterschaft, die sie bewirken und ermöglichen konnte. So kann das Schöne das Erstaunliche und das Bewundernswerte sein. Aber diese Art des Schönen wollte Sen no Rikyû für das *Chanoyu* nicht.

Stattdessen wollte er, wie gesagt, das Einfache. Doch einfach – bei aller Vagheit, die das Wort ‚einfach' immer noch hat, lässt sich das sagen – sind nicht nur die koreanischen Bauernreisschalen oder die Gefäße Chôjirôs, so dass man denken könnte, Sen no Rikyûs Entscheidung hätte auch anders ausfallen können. Warum hat er sich nicht an der chinesischen Seladon-Keramik der Song-Zeit orientiert oder an den sehr ähnlichen, mehr oder weniger zeitgleich entstandenen Stücken der koreanischen Goryeo-Dynastie, eleganten Gefäßen in zwischen Grün und Blau changierender Glasur, mit vollkommen glatten oder sehr zart mit Prägemustern dekorierten Oberflächen? Die Antwort steckt bereits in der Frage: weil diese Gefäße im Idealfall vollkommen und weil sie elegant sind. Beides wollte Sen no Rikyû offenbar nicht.

Was er wollte, waren die Gefäße Chôjirôs, für die es in der Gefäßkunst kein Vorbild gab und die wohl nicht zuletzt deshalb *Imayaki* genannt wurden – ‚Keramik von heute'. Man muss diese Gefäße nur anschauen, um zu verstehen, wie nach Sen no Rikyûs Vorstellung das Schöne aussehen sollte: nicht erstaunlich, sondern schlicht, nicht vollkommen, sondern derart, dass Spuren der Entstehung und die Eigenart des Tons sichtbar bleiben, eher zurückhaltend, nicht so, dass es sofort die Aufmerksamkeit auf sich zieht und den Blick fesselt, weil es spektakulär ist. Nach Sen no Rikyûs Vorstellung, wie sie in Chôjirôs Schalen sichtbar und greifbar geworden ist, sollte die wahrnehmbare Erscheinung nach dem Prinzip ‚weniger ist mehr' zur schönen Erscheinung intensiviert werden und ebenso dadurch, dass einem Gefäß alle Merkmale perfekter Bearbeitung fehlten und es in seiner Erscheinung ‚roh' oder ‚rau' blieb.

Sen no Rikyû, das sollte betont werden, wollte diese zurückgenommene und rohe oder raue Erscheinung *als ein Werk der Kunst.* Er gab sich nicht mit den koreanischen Reisschalen als *objets trouvés* zufrieden, sondern beauftragte einen Keramiker, der kein schlichter Handwerker, sondern ganz offensichtlich ein Künstler war. Man muss nur sein frühestes erhaltenes Werk anschauen – eine in Ton geformte und in zwei Farben glasierte Löwenfigur – um das sofort zu sehen. Nur von einem Künstler wie Chôjirô konnte Sen no Rikyû statt unvollkommener Gebrauchsdinge eine hochrangige *arte povera* erwarten, wie sie ihm offenbar vorschwebte.

Wurde der Kunstanspruch Sen no Rikyûs erfüllt? Ist eine Kunst in der Nähe zum Kunstlosen überhaupt möglich? Oder scheitert sie notwendig in der einen oder anderen Weise – entweder, indem sie aufhört, Kunst zu sein oder indem sie sich den Anschein der Kunstlosigkeit gibt und so etwas vortäuscht, was sie als Kunst nicht erreichen kann, so dass, wenn man die Vollkommenheit der Song- und Goryeo-Gefäße nicht will, die koreanischen Reisschalen als *objets trouvés* die allein überzeugende ästhetische Lösung wären?

Sôetsu Yanagi, Philosoph und Kunsttheoretiker, der zusammen mit seinen drei Keramikerfreunden Shôji Hamada, Kanjirô Kawai und Bernard Leach maßgeblich zur Wiederbelebung der Gefäßkunst im zwanzigsten Jahrhundert beitrug, hat solche Zweifel artikuliert und entschieden bestritten, dass eine Kunst, wie Sen no Rikyû und Chôjirô sie im Sinne hatten, ästhetisch überzeugend sei. Allein das Handwerk, das Stücke wie die auch von Sen no Rikyû geschätzten koreanischen Reisschalen hervorbringe, könne die Vorstellung von Schönheit, wie sie mit Chôjirôs Schalen realisiert werden sollte, erfüllen. Das ist auch ein Argument gegen die von Gropius im *Bauhaus-Manifest* formulierte Überzeugung, aus dem Handwerk könne Kunst hervorgehen. Nach Yanagi wird das Handwerk niemals Kunst, sondern verliert mit dem Kunstanspruch seine eigentümlichen Qualitäten.

Yanagi erläutert seine These, indem er die Teeschalen Chôjirôs und seiner Nachfolger mit koreanischen *Ido*-Schalen vergleicht und zu dem Ergebnis kommt, dass sie dem Vergleich nicht standhalten. Sie seien gemacht, während eine *Ido*-Schale geboren sei, ohne jede Bemühung im alltäglichen Leben hervorgebracht und vor allen Dingen nicht für eine ästhetische Praxis wie *Chanoyu* bestimmt, ein Ding ohne jeden Anspruch, aus Ton, der hinter dem Haus abgetragen wurde, die Glasur aus Herdasche, auf einer unregelmäßigen Töpferscheibe gedreht, ohne besondere Überlegungen zur Gestalt des Gefäßes, das eines von vielen war. Die Arbeit sei schnell vonstatten gegangen, grob, mit schmutzigen Händen und schlampig, die Schale sei in einem erbärmlich schlechten, sorglos gefeuerten Ofen gebrannt.

Was Yanagi derart beschreibt, ist die Entstehung einer *Ido*-Schale, die er für die schönste von allen hält, der so genannten *Kizaemon*-Schale. Die Schale ist im sechzehnten Jahrhundert entstanden, und sie wird, nach einer wechselvollen Geschichte, im Tempel Kohô-an, einem Subtempel des Daitoku-ji in Kyoto, als *National Treasure* aufbewahrt. Diese Schale, schreibt Yanagi, sei einfach und ehrlich, unaufgeregt, gerade weil sie kein Kunstwerk sei, nicht berechnet, harmlos, aufrichtig, natürlich, unschuldig, demütig und bescheiden. Wo sonst, wenn nicht in diesen Eigenschaften, sei Schönheit zu finden? Die Schönheit der Schale sei ein notwendiges Ergebnis ihrer Gewöhnlichkeit. Es sei eine Schönheit, wie eine Schale Chôjirôs oder seiner Nachfolger sie niemals haben könne.

Yanagis Argumentation ist nicht ganz leicht nachzuvollziehen. Obwohl er sagt, das Schöne lasse sich nicht herstellen, sondern müsse ‚geboren' werden, möchte er andererseits die Möglichkeit, dass auch etwas Hergestelltes schön sein könne, nicht ausschließen. Auch die von ihm so bewunderte *Kizaemon*-Schale ist gemacht, also muss sie als Handwerksprodukt schön sein. Um dem Rechnung zu tragen, unterscheidet Yanagi zwei Herstellertypen: den ästhetisch versierten Künstler, der ganz seinem Wissen und Können vertraut, und den einfachen Handwerker, dem alle ästhetischen Überlegungen fremd sind und dessen Werke deshalb, obwohl sie gemacht sind, ‚geboren' werden können – aus der Selbstverständlichkeit eines ohne jeden künstlerischen Anspruch betriebenen Handwerks. Damit erzählt Yanagi die oft erzählte Geschichte vom ‚Sündenfall' der Bewusstheit und baut einen Gegensatz auf, an dem Chôjirô und alle, die seinem Vorbild gefolgt sind, nur scheitern können. Aus der künstlerischen Reflexion führt kein Weg in die unschuldige Selbstverständlichkeit des Handwerks zurück, und eine Kunst, die versucht, es dem Handwerk gleichzutun, wird zur Attitüde. Sie ist so wenig überzeugend wie der Versuch, inmitten einer komplexen Welt ‚einfaches Leben' zu spielen.

Doch um Chôjirô – und alle, die ihm gefolgt sind – derart zu widerlegen, kommt Yanagi nicht ohne Stilisierung aus. Wie sollte er – schließlich ist er selbst kein Repräsentant des ‚einfachen Lebens', der ohne ästhetischen Anspruch aus einer simplen *Ido*-Schale seinen Reis isst. Er ist ein Kenner von der Art Sen no Rikyûs, einer, der mit großem Kunstverstand die *Kizaemon*-Schale als ästhetisches *objet trouvé* betrachtet. Das verschweigt er jedoch, damit er die Alternative ‚Handwerk oder Kunst' ohne offenkundigen Selbstwiderspruch vertreten kann. So zeichnet er das Bild eines naturwüchsigen Handwerker-Töpfers, von dem man bezweifeln darf, dass ihm je ein Töpfer entsprochen hat. Es ist ein Idealbild, dessen Elemente sich viel zu gut zu einem Ganzen fügen, eher ein Mythos als eine plausible Beschreibung. Sollte der Hersteller der *Kizaemon*-Schale wirklich gar keinen Sinn für die Ausgewogenheit ihrer Form gehabt haben und nicht wissen, dass eine Schale gut oder weniger gut gelungen sein kann? Woher weiß Yanagi, dass die Arbeit ‚schlampig' *(slipshod)* war und der Ofen ‚sorglos' *(careless)* gebrannt wurde? Der elegante Schwung der *Kizaemon*-Schale könnte auch von einer durch lange Übung erreichten Sicherheit zeugen, die gewiss nicht jeder Hersteller von Gebrauchsgeschirr hatte, so dass es auch bei diesem Qualitätsunterschiede gab und nach wie vor gibt. Und wäre der Ofen ‚sorglos' gebrannt worden, gäbe es die Schale möglicherweise nicht, da das gesamte Brenngut zerstört worden wäre. Yanagi, so scheint es, tut alles, um die *Kizaemon*-Schale nicht ästhetisch zu beschreiben. Sonst könnte man sie am Ende noch denken, sie sei von Kunstwerken wie den Schalen Chôjirôs gar nicht so verschieden und in keinem Fall durch einen Abgrund getrennt.

Yanagi stilisiert auch, wenn er die *Kizaemon*-Schale in ihrer Schönheit bestimmt. Bedenkt man die Eigenschaften, die er der Schale zuschreibt, genauer, so sieht man, dass es keine dinglichen, sondern menschliche Eigenschaften sind. ‚Ehrlich' *(plain)* und ‚unaufgeregt' *(unagitated)* nennt er die Schale, ‚aufrichtig' *(straightforward)*, ‚unschuldig' *(innocent)*, ‚demütig' *(humble)* und ‚bescheiden' *(modest)*. Wahrscheinlich stellt Yanagi sich so den Töpfer vor, der die Schale gemacht hat, und nimmt an, sein Charakter hätte sich auf sein Werk übertragen. So erscheint die Schale wie eine unverdorbene und darin ‚natürliche' Person, die man eher ‚gut' als ‚schön' nennen würde. Sie erscheint ‚natürlich' wie eine unverdorbene Person und nicht als das Werk einer Kunst.

Man weiß jedoch, dass die Schale gemacht ist, von einem Handwerker, der sich zwar höchstwahrscheinlich nicht als Künstler verstanden hat, aber mit seinem Handwerk, ohne es zu wissen, der Kunst nahe kam, indem er ein schönes Ding herstellte. Wäre seine Schale, nach künstlerischen Kriterien beurteilt, nicht schön, hätte sie wohl kaum einem Teemeister gefallen können, denn schließlich kam es bei den *objets trouvés* der koreanischen Reisschalen nicht auf eine Provokation durch das Banale an – als würde man heute beim *Chanoyu* statt einem *Chawan,* der ein Kunstwerk ist, einen Pappbecher verwenden – sondern darauf, für die Kunst eine andere Schönheit als die des Erstaunlichen oder des Vollkommenen zu entdecken. Ist eine Kunst ernsthaft auf diese andere Schönheit verpflichtet, kann sie nicht die durch intellektuelles Kalkül verdorbene Effekthascherei sein, als die Yanagi sie versteht. Kunst wäre dann nicht der notwendig scheiternde Versuch, das Spontane der unverdorbenen Handwerksproduktion willentlich zu erreichen. Vielmehr könnte sie auf ihre Weise die Schönheit des Schlichten und Zurückhaltenden finden und realisieren – jene Schönheit, die Yanagi mit der *Kizaemon*-Schale gesehen hat und um derentwillen er meinte, sich von der Kunst abwenden zu müssen.

Yanagi zeigt nicht, warum die Schönheit des Schlichten und Zurückhaltenden für die Kunst unzugänglich sein soll. Wenn die Kunst so wäre, wie er sie beschreibt, dürfte keine der *Ido*-Schalen, wie sie als Teeschalen von Künstlern gemacht worden sind und gemacht werden, neben der *Kizaemon*-Schale bestehen können. Warum soll das so sein, wo viele dieser Schalen, vor allem die meisterhaften unter ihnen, der *Kizaemon*-Schale durchaus ähnlich sehen? Vor allem jedoch hat Yanagi große Schwierigkeiten, auf der Grundlage seiner Überlegungen zum Schönen, die Werke seiner Keramiker-Freunde Hamada und Kawai zu erklären. Zwar haben Kawai und Hamada, um ihre Verbundenheit mit der ‚Volkskunst' anzuzeigen, ihre Werke nicht signiert und auch die Holzkästen *(Tomobako),* in denen die Werke aufbewahrt werden, nicht, wie sonst üblich, außen auf dem Deckel oder auf einer Seitenwand beschriftet, sondern nur auf der Innenseite des Deckels. Doch betrachtet man ihre Werke, so wird man auf einen Blick sehen, dass sie keine naiv produzierten und deshalb ‚natürlich schönen' Töpferwaren sind. Kawai und Hamada sind Künstler, beide zwar einschlägig, doch eher akademisch als handwerklich ausgebildet und ohne Bindung an die besondere Tradition eines alten Keramik-Ortes. Sie haben sich ihren Weg in die Kunst selbst suchen müssen und konnten so ganz unbefangen verschiedene Elemente der ‚Volkskunst' aufnehmen, zum

Beispiel koreanische Handwerkstechniken oder Gefäßdekore aus Okinawa, um diese neu zu interpretieren. Weil sie zur ,Volkskunst' ein freies Verhältnis hatten, konnten die von ihnen gefundenen Möglichkeiten der keramischen Kunst ohne jede programmatische Bindung wirken, und Hamada konnte sogar traditionsbildend sein. Hamadas künstlerische Arbeit wurde von seinem Schüler Tatsuzo Shimaoka, seinem Sohn Shinsaku Hamada und seinem Enkel Tomoo Hamada aufgenommen und eigenständig weiterentwickelt.

Demnach sind die Gefäße Kawais und Hamadas, wie auch die ihrer Nachfolger, Werke einer Kunst, für die es in Yanagis Überlegungen keinen Platz gibt. Sie sind von großer Selbstverständlichkeit, als seien sie immer schon dagewesen, und dabei ganz frisch, ,zeitlos von Heute'. Um das zu erfahren, muss man nur Kawais ungewöhnlich geformte, mit leichter Hand bemalte Vasen aus seiner *Mingei*-Zeit betrachten und erst recht seine freien, sehr unkonventionellen Formen aus den fünfziger und sechziger Jahren, mit Glasuren, von denen manche wie beiläufig an die Malerei des *Informel* erinnern. Dasselbe gilt für Hamadas Vasen, Flaschen und große Schalen mit ihren spontanen Mal- oder Gießspuren, einem *drip painting* ganz eigener und sehr entspannter Art. Shimaoka hat für die Gestaltung seiner Gefäßoberflächen die Schnurmuster der vier- bis fünftausend Jahre alten *Jômon*-Keramik neu entdeckt, Tomoo Hamada verbindet Salzglasuren, wie sein Großvater sie aus Europa übernommen hat, oder frei gemalte Okinawa-Dekore in Grün und Rot mit ungewöhnlichen Vasenformen ohne traditionelle Vorbilder, unter ihnen geschichtete, manchmal schräg versetzte Rundformen, auch solche, die sich wie eine große Schleife um ihre offene Mitte schließen. All diese Werke sind Werke der Kunst und dabei in keiner Weise ,gewollt'. Sie sind schön und in ihrer Schönheit einfach da.

In einem Text, der 1927 und damit vier Jahre vor dem Essay über die *Kizaemon*-Schale, erschienen ist, einem fiktiven Interview mit dem englischen Titel *Craftsmanship,* hat Yanagi noch gesehen, dass Kunst und Handwerk nicht gegeneinander auszuspielen sind, und sogar die Unverzichtbarkeit einer reflektierten Kunst zugestanden. Da das Handwerk im Zeitalter der Maschine im Niedergang sei, müssten ,Künstler-Handwerker' *(artist-craftsmen)* die Krisenzeit des Handwerks überbrücken, um eine neue Blüte der ,Volkskunst' vorzubereiten. Aber müsste dann nicht die Schönheit ihrer Kunst die gleiche wie die der ,Volkskunst' sein? Dann wiederum wäre die Schönheit eines Werks wie der *Kizaemon*-Schale auch durch die

Kunst möglich. Es müsste eine Kunst sein, die es weder auf das Erstaunliche noch auf das Vollkommene anlegt, sondern, der Vorstellung Sen no Rikyûs folgend, auf Werke von zurückgenommener und roher oder rauer Erscheinung.

Wie ist eine solche Kunst möglich? Als Kunst gewiss nicht ohne Reflexion. Der anonyme Hersteller der *Kizaemon*-Schale wird nicht gewusst haben, dass er mit der Herstellung dieser Schale, eines schönen Dings, der Kunst nahe kam. Wahrscheinlich hat er mit Selbstverständlichkeit seine Gefäße gedreht, und nicht über die Gestaltungsmöglichkeiten seines Handwerks nachgedacht, auch wenn er zwischen besseren und schlechteren, gelungenen und misslungenen Schalen zu unterscheiden wusste. Es ging ihm nicht um die Schönheit seiner Gefäße, auch wenn sie schön wurden und er sie wohl selbst schön fand. So ist er Handwerker geblieben und kein Künstler geworden. Erst wenn ein Hersteller seine Gestaltungsmöglichkeiten unter dem Gesichtspunkt der Schönheit reflektiert, modifiziert sich das Handwerk zur Kunst.

Die künstlerische Reflexion darf allerdings nicht zu einem Kalkül werden, bei dem nur verschiedene technische Strategien im Hinblick auf klar bestimmte Effekte abgewogen werden – als sei in der Kunst alles durch Technik erreichbar. Dann wäre die Kunst nichts als Können und im Erfolgsfall bloße Virtuosität. Ihre Werke wären Schaustücke, die das Können der Hersteller demonstrierten und die man wahrscheinlich nicht betrachten würde, ohne mehr oder weniger deutlich an dieses Können zu denken.

Doch so betrachtet man ein Werk, das einen wirklich in Anspruch nimmt, nicht. Man betrachtet *dieses Werk,* ohne dabei viel an seinen Hersteller zu denken. Auch wenn das Werk klar die ‚Handschrift' eines Künstlers trägt, so dass man es sofort als sein Werk identifizieren könnte, wird man es, wenn es einen wirklich in Anspruch nimmt, nicht als ein weiteres Beispiel für die Kunst dieses Künstlers nehmen. Jedes Kunstwerk ist ‚eigensinnig' und steht für sich.

Soll diese Eigensinnigkeit und Eigenständigkeit der Kunstwerke kein Zufallsprodukt sein, muss sie das künstlerische Tun und Reflektieren bestimmt haben. Es muss zum Beispiel bedacht worden sein, wie das ‚Material', in dem ein Werk entsteht, Möglichkeiten künstlerischen Tuns vorgibt und wie es das Werk in seiner Eigenart bedingt, welche Handgriffe eine Form im Entstehen noch ‚braucht', um in sich stimmig zu sein, oder ob es gut ist, die Form so, wie sie ist, zu lassen. Wenn ein solches Lassen zur Kunst gehört, kann diese nicht im Wollen und Tun aufgehen, sondern muss ihren Schwerpunkt im entstehenden Werk haben. Künstler müssen herausfinden, was ein Werk von ihrem Können und Tun fordert und was dem entstehenden Werk selbst zu überlassen ist. Ein Kunstwerk ist nicht fertig, wenn ein Künstler seine Intentionen verwirklicht hat, sondern dann, wenn ein Werk für sich stehen kann. In einem Dokumentarfilm, der Gerhard Richter in seinem Atelier bei der Arbeit an ‚abstrakten Bildern' zeigt, wird der Maler gefragt, wann er ein Bild für fertig hält, und er antwortet lapidar: „Wenn es schön ist." Dann, so darf man Richters Antwort verstehen, ist ein Bild unabhängig von der Arbeit des Malers geworden, und es kann für sich stehen. Der Maler kann sich zurückziehen, sein Name könnte vergessen werden, und es wäre für die Bilder nicht schlimm, wenn man von ihm so wenig wüsste wie von den Malern der Höhlenbilder von Lascaux und Altamira. Wie alle schönen Bilder gehören auch diese nicht mehr in die künstlerische Arbeit. Wenn ein Bild schön ist, gibt es in ihm keine Schwächen und keine Fehler, die man als solche nur versteht, wenn man sie auf den Maler bezieht und ihm als Schwäche oder Fehler anrechnet. Ein Werk, das schön ist, braucht den Künstler nicht mehr. Es braucht gar nichts, es ist ‚einfach es selbst' und darin schön. Entsprechend müsste seine Schönheit sich darüber verstehen lassen, dass es einfach es selbst ist.

Doch was heißt ‚einfach es selbst'? Aufschluss darüber gibt weniger eine Klärung des Ausdrucks ‚es selbst' als vielmehr ein Nachdenken über das schon mehrmals verwendete, aber noch ungeklärte Wort ‚einfach'. Der Ausdruck ‚es selbst' ist nämlich, obwohl er zu allerlei Tiefsinn anregen kann, nicht sehr gehaltvoll. Alles, was irgendwie identifiziert werden kann, ist ‚es selbst' – es ist, was es ist. Doch sagt man von etwas, es sei ‚einfach es selbst', wird das eigens betont, und die Betonung hat nur Sinn, wenn man auch annehmen könnte, etwas sei nicht nur, was es ist, sondern auch noch etwas anderes. Das wäre zum Beispiel so, wenn etwas als das, was es ist, auf seine Ursache zurückgeführt werden müsste, um hinreichend bestimmt zu sein – zum Beispiel ein Kunstwerk auf seinen Urheber, den Künstler. Was nur von etwas anderem her ist, was es ist, kann nicht ‚einfach es selbst' sein. Es ist, wie man abgekürzt sagen kann, nicht einfach, sondern mehrfach – es selbst und außerdem noch das, worauf es bezogen werden muss, wenn man das, was es ist, verstehen will. Was ‚einfach es selbst' ist, ist demgegenüber einfach. Es ist etwas Einfaches, das man ‚einfach so, wie es an sich ist', verstehen kann.

Das Einfache in diesem Sinne ist schon mit Morandis Gefäßbildern begegnet – mit den Gefäßen in diesen Bildern und mit den Bildern, denen die Gefäße ihr Erscheinen verdanken. Die Bilder und ihre Gefäße sind leer von Bedeutung. Sie verweisen nicht auf etwas, das sie ‚bedeuten', so dass sie von diesem abhängig wären. Sie sind unabhängig von allem, das sie nicht selbst sind. So kann auch eine Teeschale, sofern man sie nicht in ihrer Bedeutung, also in der Möglichkeit ihres Gebrauchs, versteht, einfach sie selbst sein – nichts als eine Schale, ein Gefäß, das nichts als ein Gefäß ist und als solches keine Bedeutung braucht. In ihrer Bedeutung hingegen ist sie ‚zweifach', nämlich sie selbst, das Bedeutende, und außerdem ihr möglicher Gebrauch als ihre Bedeutung.

Zweifach wäre eine Teeschale auch, wenn sie ‚etwas ausdrücken' würde, eine Stimmung ihres Herstellers zum Beispiel. Dann verwiese sie auf den Künstler zurück und könnte angemessen nur von ihm her verstanden werden. Was einfach ist, muss demgegenüber nicht auf anderes bezogen werden, damit man mit ihm etwas anfangen kann. Man kann es einfach als das nehmen, was es ist.

Zweifach ist etwas auch, wenn es auf eine Wirkung hin berechnet ist, zum Beispiel indem es beeindrucken oder überwältigen soll. Ein Werk dieser Art ist wesentlich nur, was es ist, wenn sich die mit ihm verbundene Absicht erfüllt und der gewünschte Effekt eintritt. Bis dahin wäre das Werk gleichsam im Wartestand, unerfüllt und darauf ausgerichtet, endlich zu sein, was es sein soll – wie eine Rede, die erst dann ihren Zweck erfüllt, wenn die Zuhörer jubeln. Das Einfache ist ganz anders – es soll nicht wirken. Deshalb kann es auch *schlicht* sein, ohne Prätention, es muss nichts vorspiegeln, damit eine beabsichtigte Wirkung erreicht werden kann. Alles Prätentiöse ist zweifach – es ist, was es ist, und ebenso das, was es zu sein vorgibt. So ist es nicht ‚einfach es selbst', sondern immer auch etwas anderes, das es nicht ist. Nur das Einfache ist einfach es selbst.

Was einfach ist, gibt mit seiner Einfachheit zu verstehen, dass man es so lassen kann und soll, wie es ist. Man wird ihm gerecht, indem man es nur so nimmt, wie es ist, also nicht nach Bedeutungen fragt oder danach, was es wohl ausdrücken solle. Auch wäre es seiner Einfachheit unangemessen, andere Möglichkeiten, wie es sein könnte, zu bedenken – zum Beispiel bei einer Teeschale zu überlegen, wie sie aussähe, wenn sie anders glasiert wäre oder wenn ihre Wandung gerader oder runder, höher oder flacher wäre, als sie ist. Auf solche Überlegungen kommt man im Allgemeinen nur, wenn man den Eindruck hat, dass mit dem, was man betrachtet, etwas nicht stimmt. Man findet eine Teeschale zu hoch oder zu flach für ihre Weite und hätte sie in einer anderen Glasur besser gefunden. Ist dieser Eindruck berechtigt, dann ist die Teeschale *nicht stimmig*, und sehr wahrscheinlich würde man sie dann auch nicht schön nennen. Umgekehrt müsste das Schöne dann immer auch stimmig sein – ‚einfach so, wie es ist', in seiner einfachen Erscheinung und nicht gemessen an einer besseren Möglichkeit. Auch in diesem Fall wäre es zweifach und nicht einfach es selbst.

Etwas, das schön ist, ist schön einfach so, wie es ist. Entsprechend kann man es ‚einfach als es selbst' nehmen, in seiner Individualität und Einzigkeit, mit allen Besonderheiten, die es hat. Seine Schönheit gibt keinen Anlass, es als besonderes Exemplar einer auch in anderen Exemplaren realisierbaren allgemeinen Möglichkeit zu verstehen. Sofern etwas ‚kein Exemplar von vielen' ist, kann es deshalb auch nicht nach einer *Regel* gefertigt sein, so dass es wie anderes, das ihm gleicht, dieser Regel mehr oder weniger entspräche. Zwar ist eine Teeschale im Allgemeinen so, wie Teeschalen ‚in der Regel' sind – sonst würde man sie wahrscheinlich nicht als Teeschale erkennen und könnte sie auch nicht als solche gebrauchen. Auch eine schöne Teeschale wird als Teeschale dieser Regel entsprechen. Aber für ihre Schönheit gibt es keine Regel, und entsprechend wird die Regel, nach der die Teeschale eine Teeschale ist, im Anblick ihrer Schönheit unwichtig. Das Schöne ist individuell und unvergleichlich.

Sofern das Schöne keiner Regel entspricht, kann man es *unregelmäßig* nennen – nicht, weil es von einer Regel abweicht, sondern weil es ohne Regel ist. Die Teeschalen von Chôjirô zum Beispiel sind zwar im Allgemeinen schwarz oder rot, aber das heißt nicht, dass es für die je besondere Farbe einer Schale eine Regel gäbe. Jede dieser Schalen ist ‚einfach so, wie sie ist'. Das gilt für alles an einer solchen Teeschale – für ihre Weite und Höhe, dafür, wie sie auf ihrem Fuß steht und wie ihre Wand geschwungen und mit einem Spatel bearbeitet ist, für die Offenheit ihrer Lippe. Die Besonderheit von etwas Schönem ist vielfältig. Um zu sagen, was man meint, wenn man etwas schön findet, muss man es in seiner individuellen Vielfältigkeit beschreiben.

In seiner Vielfältigkeit kann das Schöne überraschen. Wenn man eine Schale in den Händen hält, sie langsam dreht und in ihrer Rundung betrachtet, wird man eine Vielfalt verschiedener Ansichten entdecken, die zwar als Ansichten zu dieser einen Schale gehören und darin zusammengehören, aber deshalb keineswegs homogen sind. Nicht nur die Oberfläche, sondern auch die Form einer Schale kann sich derart verschieden zeigen – die bei vielen Teeschalen unregelmäßig geschwungene Lippe sieht, je nachdem von welcher Seite man sie betrachtet, anders aus. So kann auch eine Schale, die man gut kennt, immer wieder überraschend sein. In seiner Unregelmäßigkeit und Vielfältigkeit ist das Schöne nicht erwartbar. Es ist niemals wie unzählige Male gesehen und deshalb zur Genüge bekannt. Was schön ist, lässt sich immer wieder und immer wieder neu entdecken.

Das derart Überraschende eines schönen Dings kommt nicht zuletzt daher, dass man es immer nur *unvollständig* wahrnimmt. Die Wand einer Schale in ihren vielfältigen Ansichten sieht man nur, indem man die Schale dreht oder um sie herumgeht, und den Innenraum einer Schale sieht man niemals ganz, wenn man zugleich ihre Wand sieht. Schaut man von oben direkt ins Innere, so verschwindet die Wand aus dem Blick; betrachtet man hingegen die Wand von der Seite, so dass sie von der Lippe bis zum Fuß zu sehen ist, zeigt sich der Innenraum nicht mehr. Dazwischen gibt es eine Fülle möglicher Ansichten, in denen eine Schale immer wieder anders erscheint. Man sieht mehrere von ihnen, indem man sieht, wie sie ineinander übergehen und einander ablösen, aber niemals alle auf einmal.

Ein Ding wie eine Teeschale kann sich in einer besonderen Ansicht also nur zeigen, indem es andere Ansichten dem Blick *vorenthält*. Die Ansichten, die man gerade nicht sieht, verschwinden jedoch nicht, und man weiß auch, mehr oder weniger bestimmt, dass es sie gibt und dass man die Schale nur ein wenig drehen müsste, damit eine andere Ansicht hervorkommt – eine, nicht alle anderen, denn mit der Drehung, durch die eine Schale sich von einer bestimmten Seite zeigt, gerät eine andere Seite aus dem Blick.

Was gerade beschrieben wurde, gilt für jedes Ding. Es gehört, mit einem Ausdruck Husserls gesagt, zur ‚Horizontalität' der Dinge, also dazu, dass jedes sichtbare Ding einen zu ihm gehörenden ‚Horizont' verschiedener Seiten hat und deshalb niemals vollständig erscheint. Im Allgemeinen wird das nicht oder kaum bemerkt. Man weiß, dass Dinge eine Rückseite haben, nimmt es für selbstverständlich und bemerkt es allenfalls, wenn die Rückseite eines Dings ganz anders aussieht, als man es erwartet hatte.

Weil schöne Dinge intensive Erscheinungen sind, ist das bei ihnen anders. Betrachtet man ein schönes Ding, zum Beispiel eine Teeschale, so wird man mit dem Erscheinen einer Ansicht auch das Nicht-Erscheinen anderer bemerken.

Indem beim Schönen das Erscheinende eigens hervorgetreten ist und intensiv erscheint, ist mit ihm auch das Nicht-Erscheinende intensiver ‚da'. Das Nicht-Erscheinende ist nicht einfach verschwunden, sondern spielt im Erscheinenden mit und wird so auch mit diesem erfahren. Es ist nicht verborgen, sondern *unscheinbar*, nicht erscheinend, aber im Erscheinen als dessen Möglichkeit mit da.

Das Unscheinbare ist die Tiefe des Erscheinens. Diese erfährt man zum Beispiel mit dem dunklen Grund eines Bildes, aus und vor dem eine dargestellte Figur hervortritt oder mit der Stille, aus der und in der ein Ton erklingt. Ohne das Hintergründige erschiene nichts in seiner Kontur, ohne Stille würde kein Ton erklingen. Wenn man ein Gefäß von der Seite betrachtet, sieht man den Gefäßinnenraum nicht vollständig, und dennoch sieht man ihn als das unscheinbare Raumhafte der Gefäßwand mit. Und schaut man von oben in ein Gefäß hinein, sieht man es in seiner Dinglichkeit nicht ohne das Unscheinbare seiner Tiefe. Je intensiver eine Erscheinung ist, desto mehr schwingt das Unscheinbare in der Erscheinung selbst mit.

Weil alles Schöne ‚einfach es selbst' ist, ergibt sich mit den drei Bestimmungen, wie sie gerade entwickelt wurden, eine Bestimmung des Schönen, wie auch Sen no Rikyû es verstanden haben mag. Dann ist das Schöne das Einfache, das Unregelmäßige und das in seinem Erscheinen immer auch Unscheinbare, etwas von eher stiller und niemals überwältigender Erscheinung. Es ist das Einfache, das als solches individuell ist, das Individuelle in seiner Unregelmäßigkeit, zu der wiederum das Unscheinbare als Tiefe des Erscheinens gehört. Was derart den Grundzug der Unscheinbarkeit hat, kann wiederum schlicht sein, denn jede seiner Erscheinungsmöglichkeiten kehrt, indem sie anderen Raum gibt, ins Unscheinbare zurück. Das Schlichte ist niemals erstaunlich, und wenn es unregelmäßig ist, kann es auch nicht vollkommen sein. Es entspricht keinem Ideal, sondern ist einfach es selbst. Weil alles Schöne derart ‚es selbst' ist, werden diese Bestimmungen bei jedem schönen Ding unterschiedlich und in verschiedenem Maße ausgeprägt sein.

Ist mit den genannten Bestimmungen des Schönen nur eine besondere Spielart des Schönen erfasst? Oder führen sie zum Wesen der Schönheit? Dann wäre jede Schönheit durch Einfachheit, Unregelmäßigkeit und Unscheinbarkeit charakterisiert, und andere Charakterisierungen wie Vollkommenheit oder Erstaunlichkeit könnten einem zwar bei der Erfahrung von etwas Schönem in den

Sinn kommen, aber sie würden das Schöne als solches nicht treffen. Vielleicht ist eine Song- oder eine Goryeo-Vase ja nur oberflächlich verstanden, wenn man sie ‚vollkommen' nennt, und sie wäre besser als ‚einfach' verstanden. Viele dieser Gefäße sind schlicht, und selbst wenn ihre Oberfläche makellos und ihre Form gleichmäßig ist, muss dies keiner Regel entsprechen. Die chinesischen *Temmoku*-Schalen, die Sen no Rikyû durch koreanische Reisschalen und dann durch die Gefäße Chôjirôs ersetzte, sind zwar ‚erstaunlich'. Aber ihre Kristallbildung ist unregelmäßig, und die Kristalle, die wie ein Sternenhimmel oder schwebende Zellgebilde erscheinen, kommen allein im Unscheinbaren der schwarzbraunen *Temmoku*-Glasur zum Vorschein. Gehört auch zu einer Song- oder Goryeo-Vase die Tiefe des Unscheinbaren? Einfarbig glasiert, wie solche Vasen sind, erfasst man sie, wie man denken könnte, auf einen Blick, so dass es ausreichen würde, sie von einer Seite zu sehen. Doch schaut man genauer hin, wird man bei vielen solcher Gefäße entdecken, dass ihre Seiten verschieden sind und ihre Farbe oft nicht ganz gleichmäßig ist, minimal vielleicht, aber doch sichtbar. Auch kommt die besondere Schönheit der Seladon-Glasuren nicht zuletzt daher, dass ihre zwischen Blau- und Grüntönen changierende Farbe leuchtend und zurückgenommen zugleich und damit ebenso erscheinend wie unscheinbar ist. All dies spricht dafür, dass die Vollkommenheit oder Erstaunlichkeit solcher Gefäße für ihre Schönheit gar nicht wesentlich ist. In jedem Fall lassen sie sich anders sehen, nachdem man Gefäße gesehen hat, die in ihrer Einfachheit, Unregelmäßigkeit und Unscheinbarkeit schön sind.

Doch wie sind solche schönen Gefäße möglich? Man kann über diese Frage tiefsinnig werden oder sie ganz nüchtern beantworten: indem sie gemacht werden und indem das Machen, das sie zustande bringt, auch immer ein Lassen ist. Gefäße sind zunächst und in jedem Fall eine Sache des Handwerks und, je nachdem, wie das Handwerk ausgeübt wird, auch eine Sache der Kunst. Wenn man ihre Schönheit genauer beschreiben will, muss man sich auf das Gefäßhandwerk einlassen. Um beschreiben zu können, wie dieses Handwerk Gefäße als Raumdinge oder Dingräume gestaltet, muss man zumindest eine Ahnung davon haben, was zu ihm gehört.

Als ich im Nomura-Museum die schwarzen und roten Schalen betrachtete, wusste ich von diesem Handwerk so gut wie nichts. Ich versuchte gar nicht erst zu verstehen, wie die Schalen, die ich vor Augen hatte, gemacht sein könnten. Hätte ich, was naheliegend gewesen wäre, an die Arbeit eines Töpfers gedacht, der auf einer Scheibe Gefäße dreht, wäre das schon falsch gewesen. Schalen, wie Chôjirô sie machte, werden nicht gedreht, sondern mit den Händen geformt – das japanische Wort dafür ist *Tezukune* – und geschnitzt. Ein hinreichend großer Tonklumpen wird flach gedrückt, zur Schalenwand hochgebogen und dann so in beiden Händen geformt, dass sich deren Hohlform auf das Volumen der Schale übertragen kann. Im nächsten Arbeitsgang wird von der anfangs noch recht dicken Gefäßwand mit einem Spatel oder Messer innen und außen immer mehr abgeschabt und abgetragen, bis die Gefäßwand so ist, wie sie sein soll. Bei diesem Verfahren ist die Gestaltung einer vollkommen gleichmäßigen Gefäßwand fast unmöglich, und also entstehen jene mehr oder weniger unregelmäßigen, oft sogar markant gekerbten oder geschnittenen Gefäßoberflächen und Formen, wie sie für Raku-Teeschalen charakteristisch sind – solche aus dem Haus Raku oder solche, die nach deren Vorbild gemacht wurden. Das ist eine ungewöhnliche Technik. Die meisten Gefäße sind anders entstanden, aber keineswegs nach einheitlichen Regeln, denen gegenüber die Raku-Technik die Ausnahme wäre. Nicht zuletzt die außerordentliche Vielfältigkeit des Handwerks macht den Reichtum der keramischen Kunst, wie er sich in ihren Werken zeigt, aus.

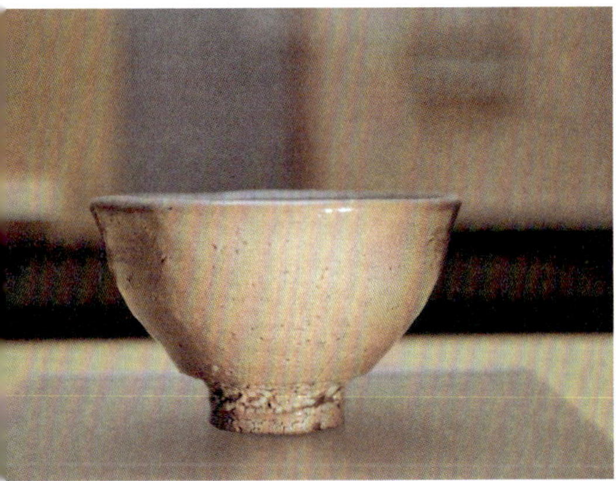

40. Teeschale, Ido-Typ *(‚Uraku-Ido')*, Korea, Joseon-Dynastie, 16. Jahrhundert, National Museum Tokyo.

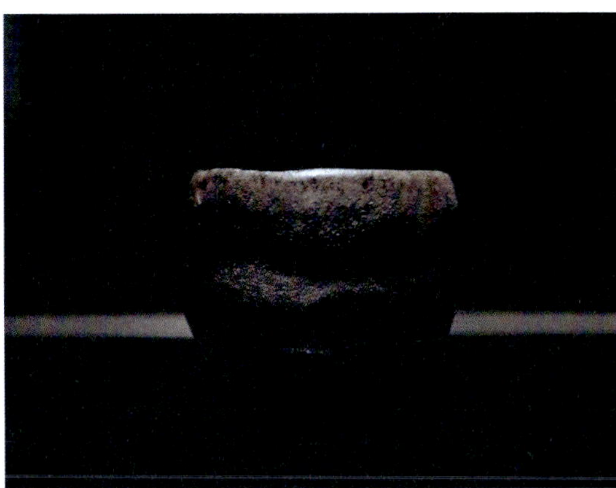

41. Chôjirô, Teeschale *(Chawan)*, genannt *Mukashibanashi*, schwarzes Raku, Kyoto, Momoyama-Zeit, 16. Jahrhundert, National Museum Tokyo.

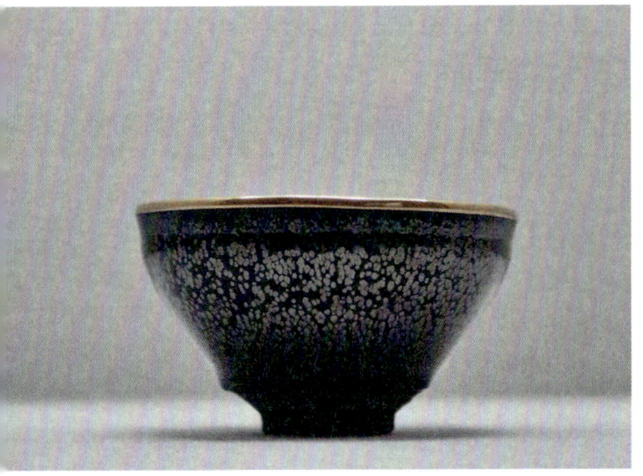

42. Teeschale, Temmoku-Glasur, China, Song-Dynastie, 12. bis 13. Jahrhundert, Jian-Keramik, *Museum of Oriental Ceramics* Osaka.

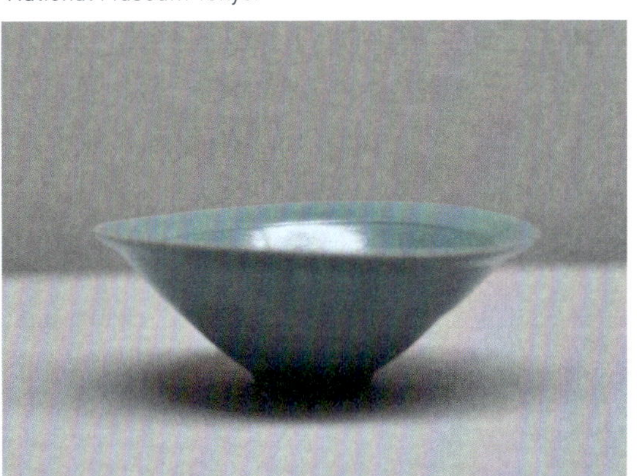

43. Teeschale, Seladon-Glasur, Goryeo-Dynastie, *Museum of Oriental Ceramics* Osaka.

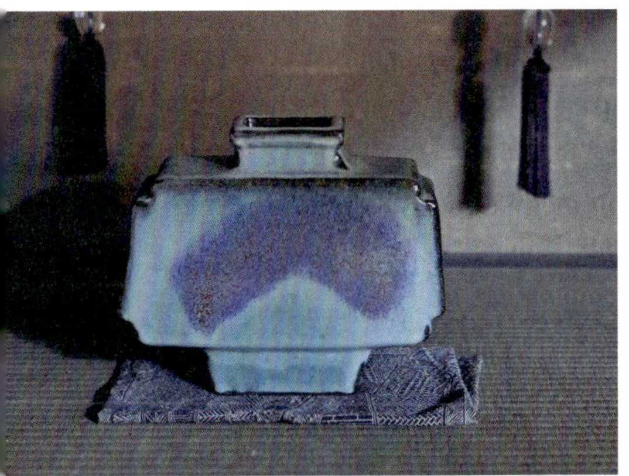

44. Kanjirô Kawai, Vase, Privatsammlung.

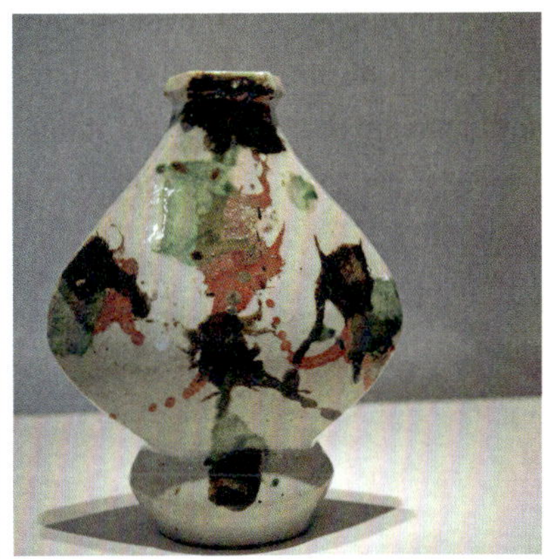

45. Kanjirô Kawai, Gefäß mit aufgespritzter dreifarbiger Glasur, Ausstellung im *Museum of Ceramic Art* Hyôgo, Tamba, 22. 9 – 9. 12. 2018.

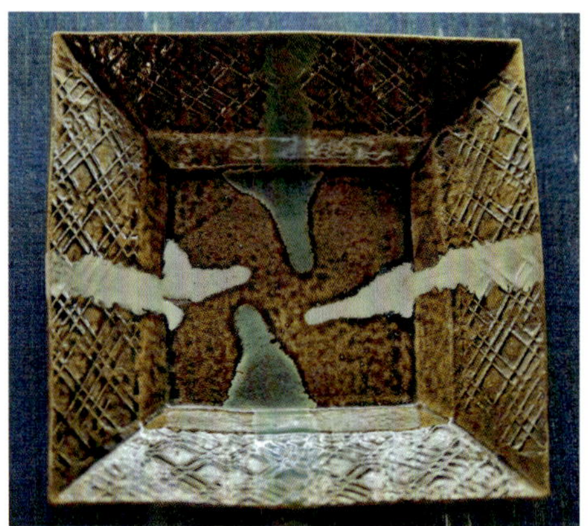

46. Shôji Hamada, viereckige Platte, Hamada-Museum, Mashiko, Tochigi.

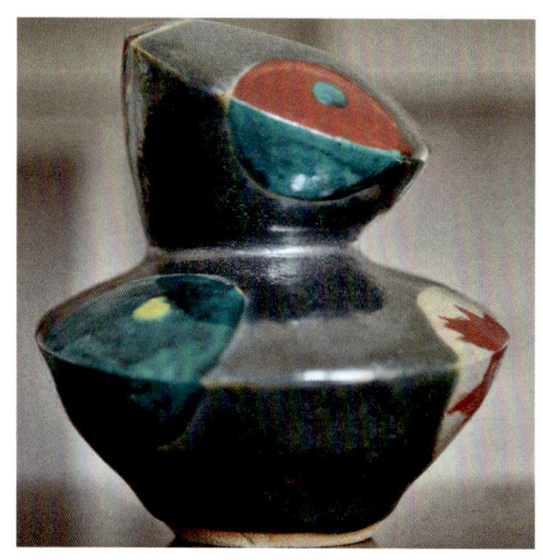

47. Tomoo Hamada, Vase, glasiert und von Hand bemalt, Privatsammlung.

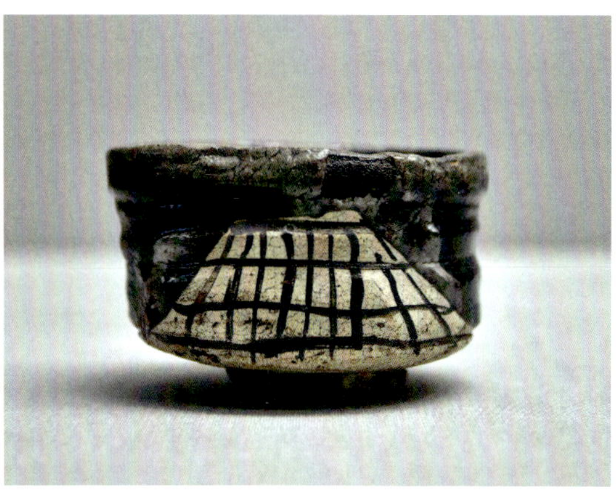

48. Teeschale in ‚Schuhform', genannt *‚Kakutaro'*, schwarze Oribe-Keramik, Mino, Edo-Zeit, 17. Jahrhundert, National Museum Tokyo.

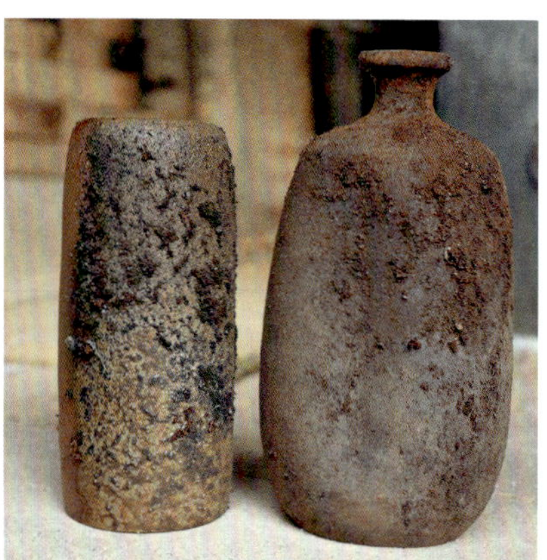

49. Ungereinigte Gefäße frisch aus dem Ofen, Werkstatt Kozô und Hajime Kimura, Bizen, Okayama.

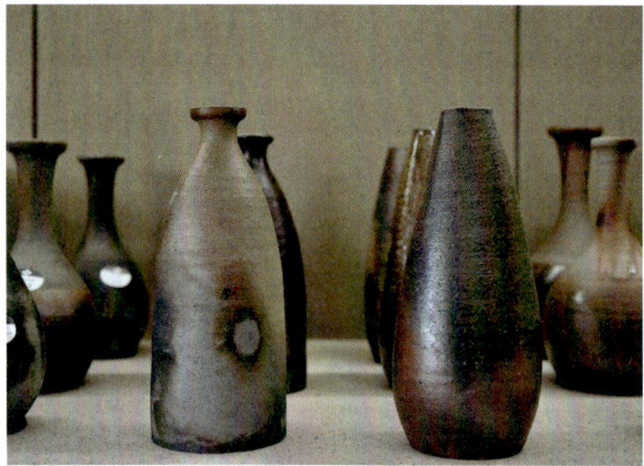

50. Vasen, Verkaufsraum Werkstatt Kozô und Hijime Kimura, Bizen, Okayama.

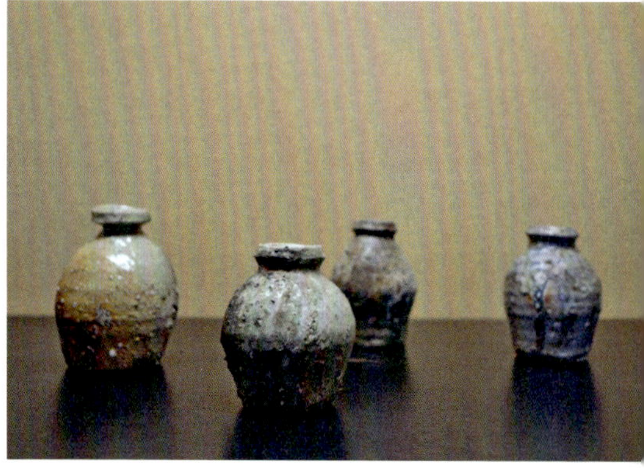

51. Shirô Tsujimura, kleine Vorratsgefäße *(Ohaguro Tsubo)*, Galerie Nichi-Nichi, Kyoto.

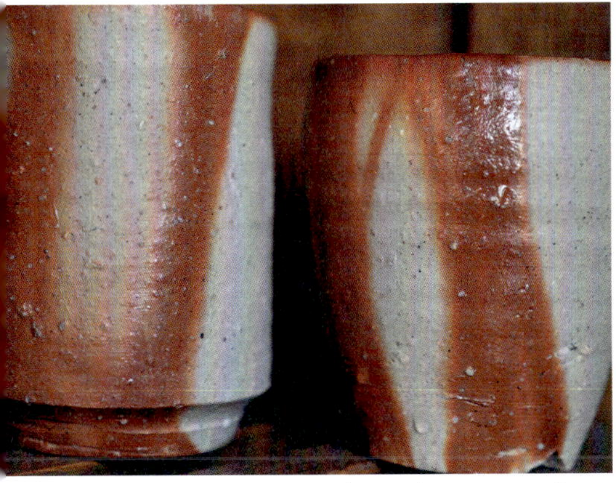

52. Makoto Kaneshige, Teebecher *(Yunomi)*, Privatsammlung.

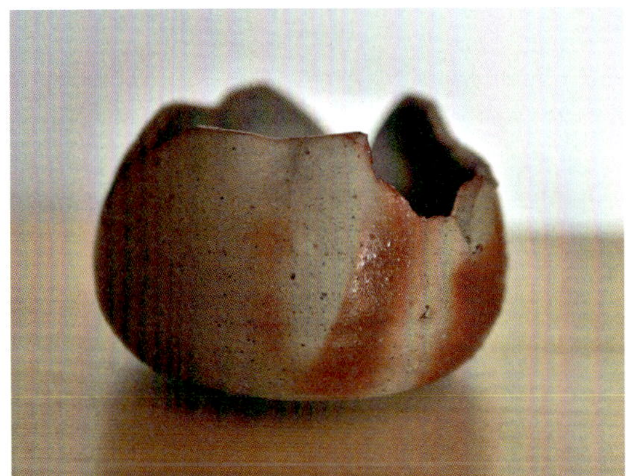

53. Makoto Kaneshige, kleine Schale in der Form eines ‚aufgebrochenen Bergpfefferkorns' *(Warisanshô)*, Privatsammlung.

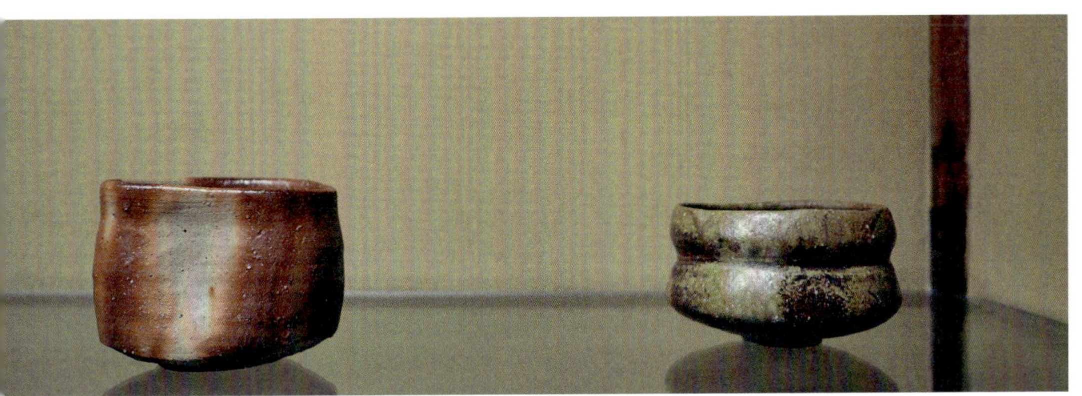

54. Makoto Kaneshige, Teeschale *(Chawan)*, Hidasuki-Technik (links), Tamon Kaneshige, Teeschale mit Ascheanflugglasur (rechts), Bizen-Keramik, Galerie Nichi-Nichi, Kyoto.

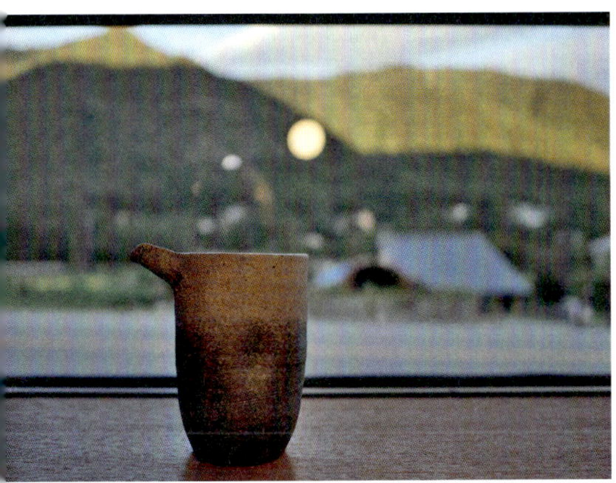

55. Katsuki Ichino, Gefäß mit Ausgießer *(Katakuchi)*, Ausstellungsraum Ichino, Tamba, Hyôgo.

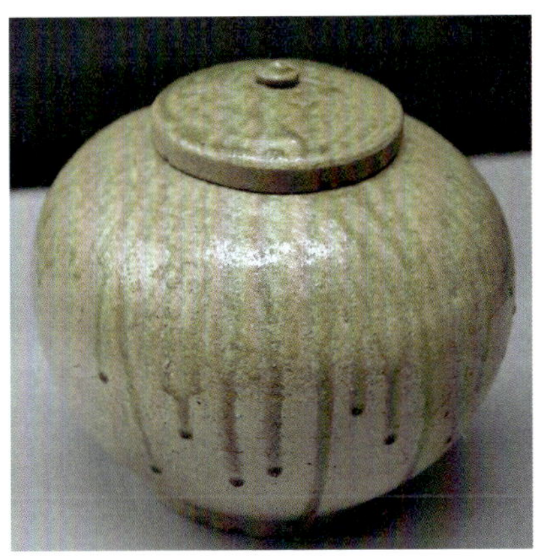

56. Vorratsgefäß, Sanage-Keramik, Heian-Zeit, 10. Jahrhundert, National Museum Tokyo.

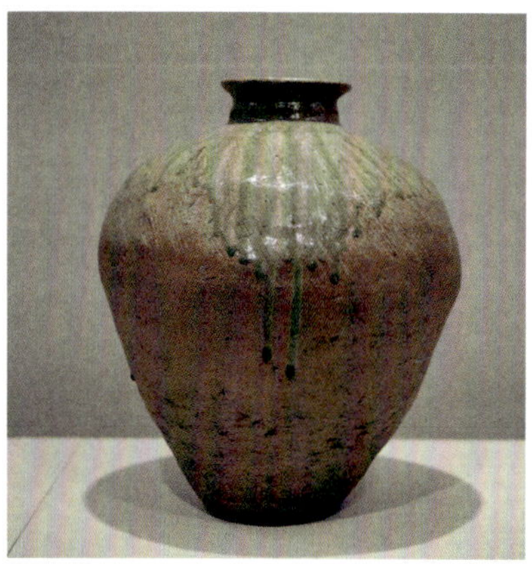

57. Großes Vorratsgefäß *(Tsubo)*, Museum of Ceramic Art, Tamba, Hyôgo.

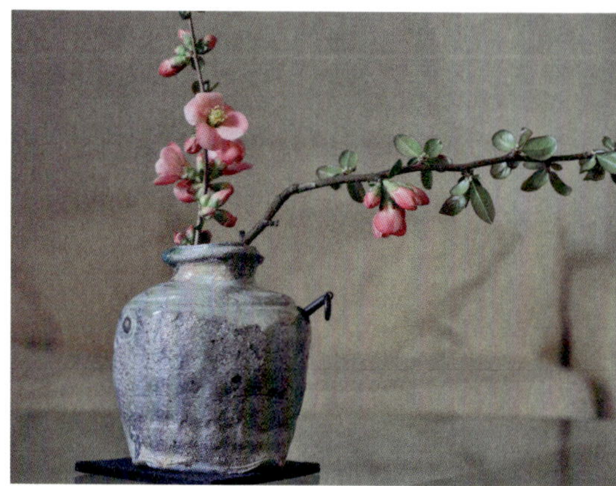

58. Kei Tanimoto, Hängevase *(Kake Hanaire)*, Iga-Keramik, Privatsammlung.

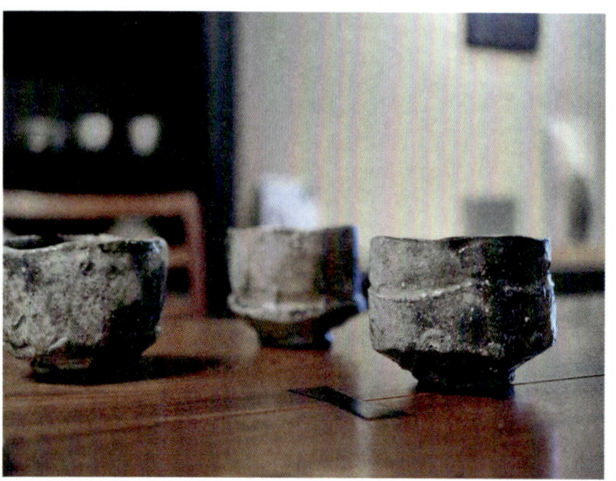

59. Kei Tanimoto, Teeschalen, Iga-Keramik, Werkstatt Tanimoto, Iga, Mie.

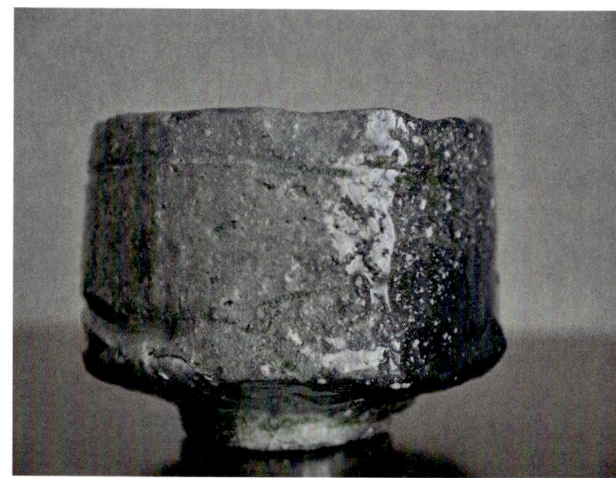

60. Kei Tanimoto, Teeschale, Iga-Keramik, Privatsammlung.

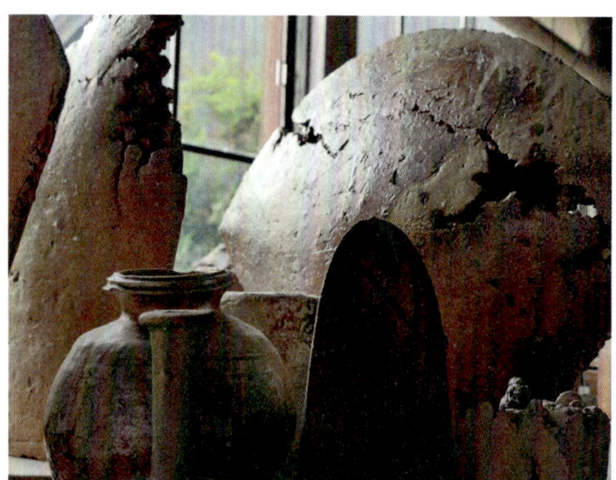

61. Fehlbrände, Werkstatt Kei Tanimoto, Iga, Mie.

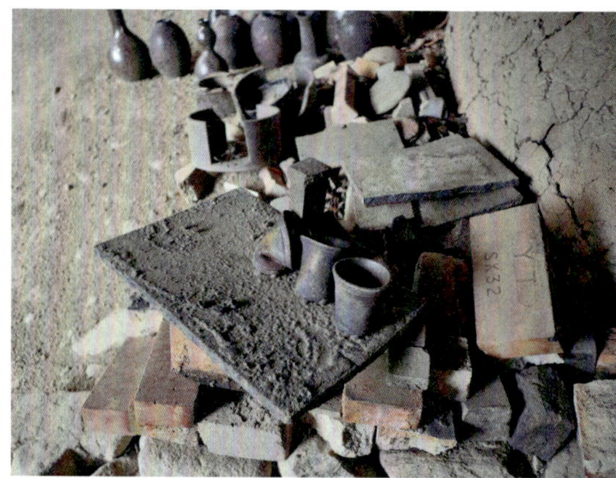

62. Fehlbrände, Werkstatt Masuro und Katsuki Ichino, Tamba, Hyôgo.

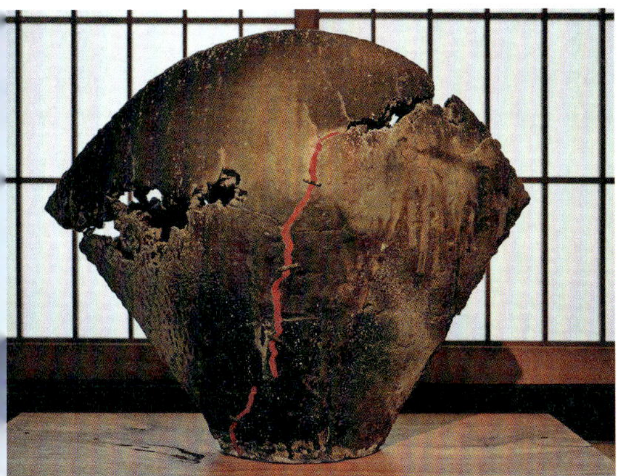

63. Kei Tanimoto, Objekt, Haus Tanimoto, Iga, Mie.

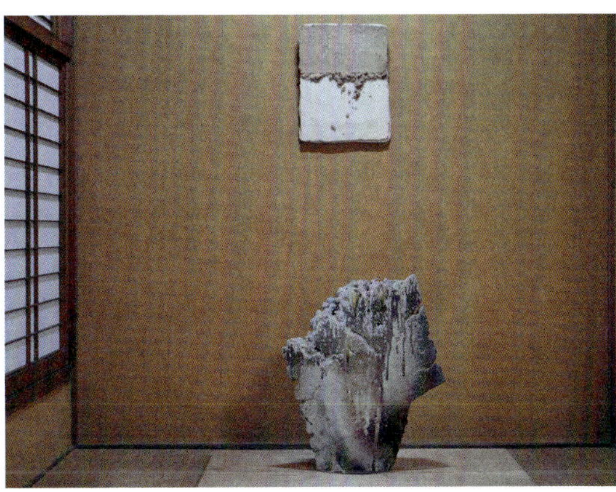

64. Kei Tanimoto, Vase und Keramikbild, Haus Tanimoto, Iga, Mie.

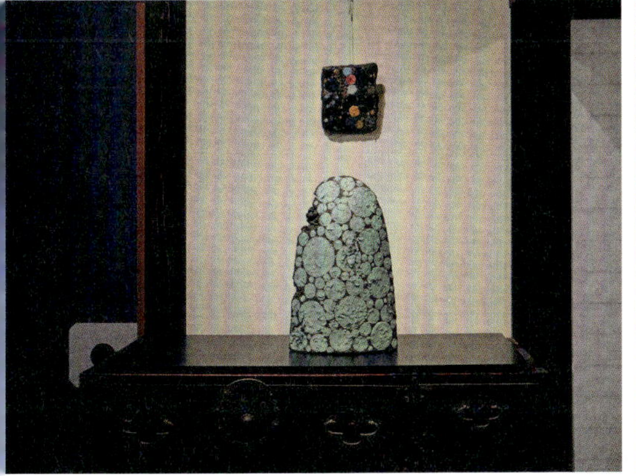

65. Kei Tanimoto, Vasenobjekt und Keramikbild, Haus Tanimoto, Iga, Mie.

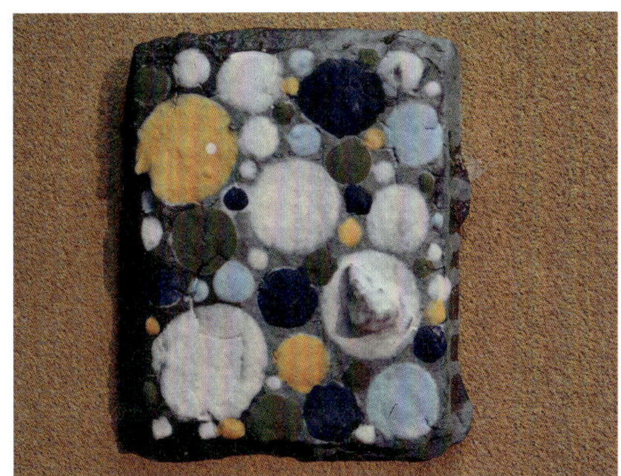

66. Kei Tanimoto, Keramikbild, Haus Tanimoto, Iga, Mie.

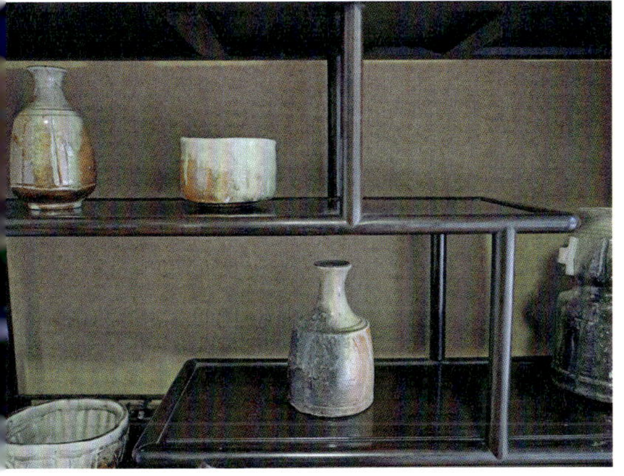

67. Kosei Tanimoto, Gefäße, Haus Tanimoto, Iga, Mie.

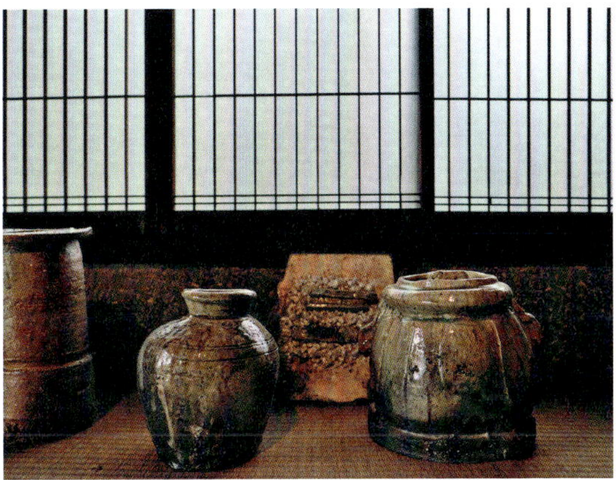

68. Takashi Tanimoto, Gefäße, Werkstatt Takashi Tanimoto, Iga, Mie.

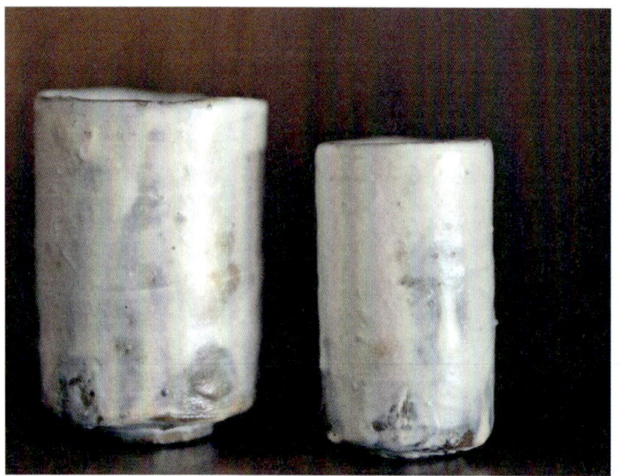

69. Kai Tsujimura, zwei Sakebecher *(Guinomi)*, Kohiki, Privatsammlung.

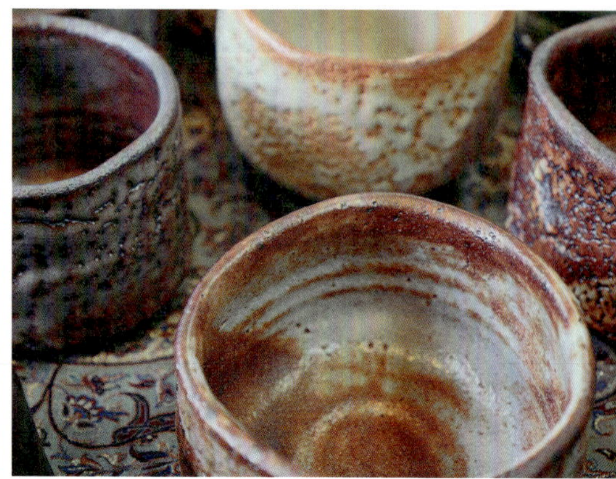

70. Ryotarô Katô, Teeschalen, Shino-Glasur, Werkstatt Katô, Mino, Gifu.

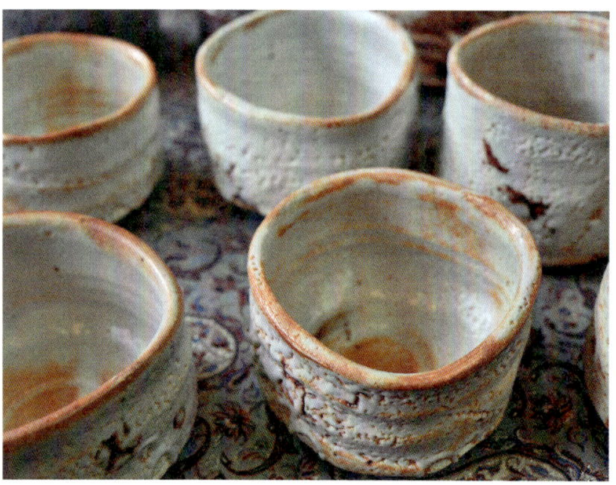

71. Ryotarô Katô, Teeschalen, Shino-Glasur, Werkstatt Katô, Mino, Gifu.

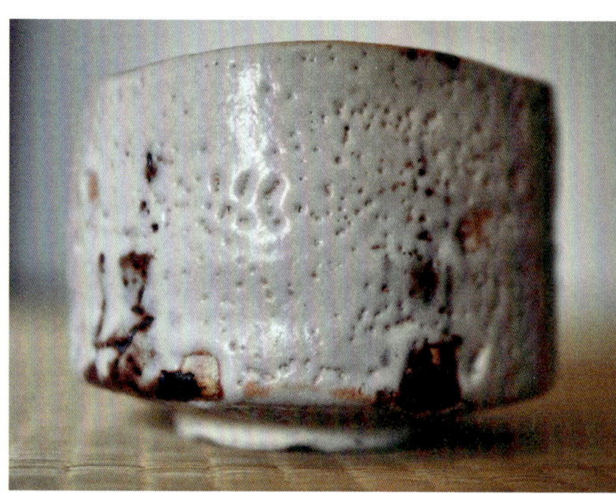

72. Ryotarô Katô, Teeschale, Shino-Glasur, Privatsammlung.

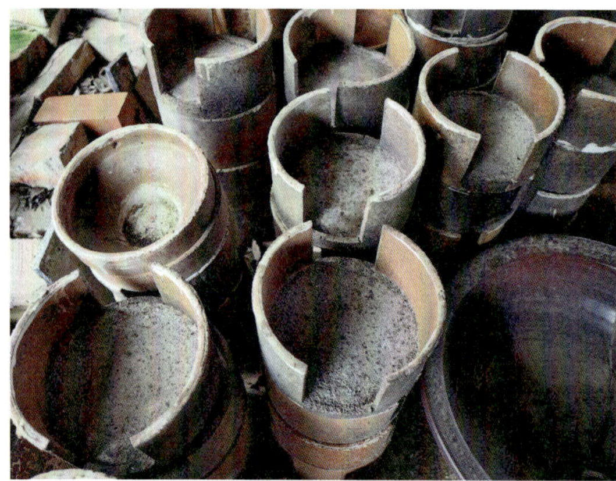

73. Werktatt Masuro und Katsuki Ichino, Brennkapseln Tamba, Hyôgo.

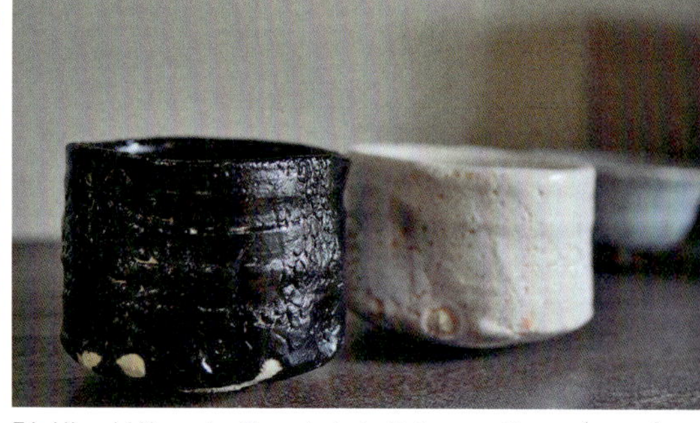

74. Hiroshi Yamada, Teeschale in Setoguro-Glasur (vorne) und in Shino-Glasur (hinten), Haus Yamada, Echizen, Fukui.

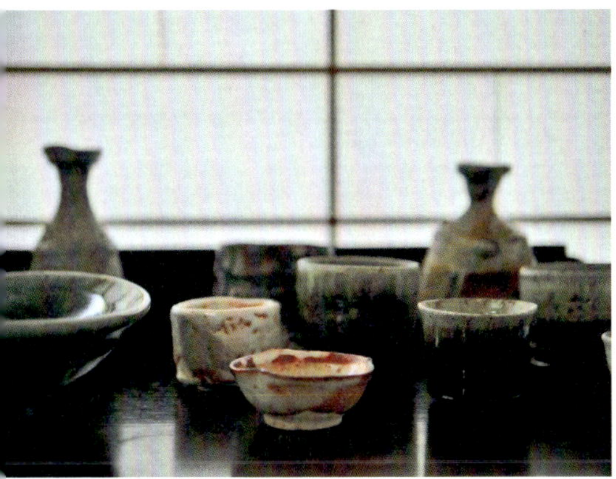

75. Hiroshi Yamada, Gefäße, Haus Yamada, Echizen, Fukui.

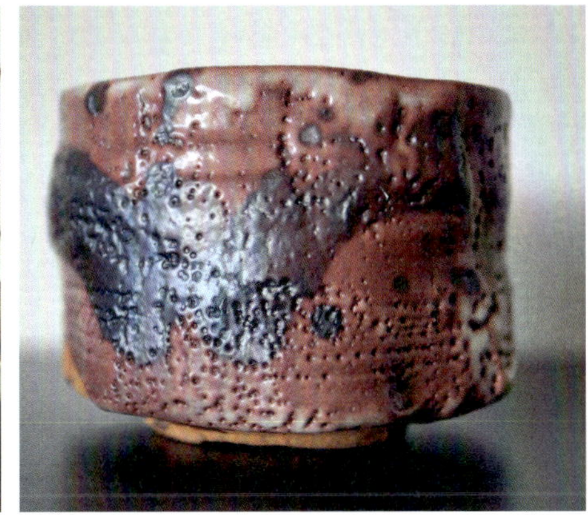

76. Kazu Yamada, Teeschale in ‚Murazaki'-Shino-Glasur, Privatsammlung.

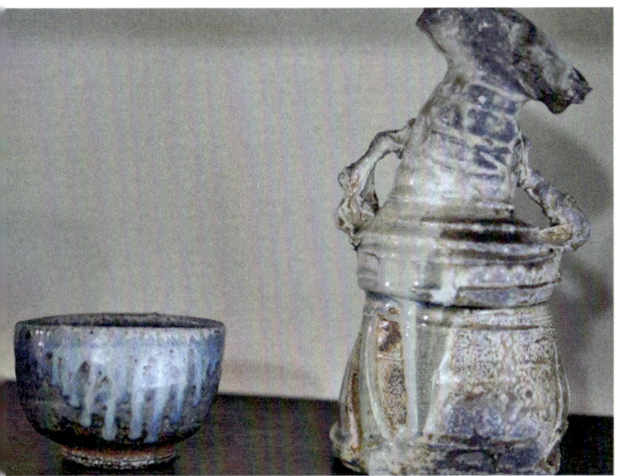

77. Kazu Yamada, Vase, Iga-Typ (rechts) und Hiroshi Yamada, Teeschale (links), Haus Yamada, Echizen, Fukui.

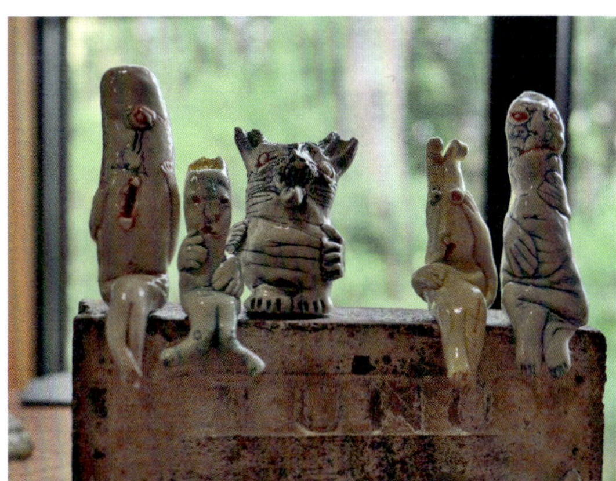

78. Kazu Yamada, Figuren, glasierter Ton, Haus Yamada, Echizen, Fukui.

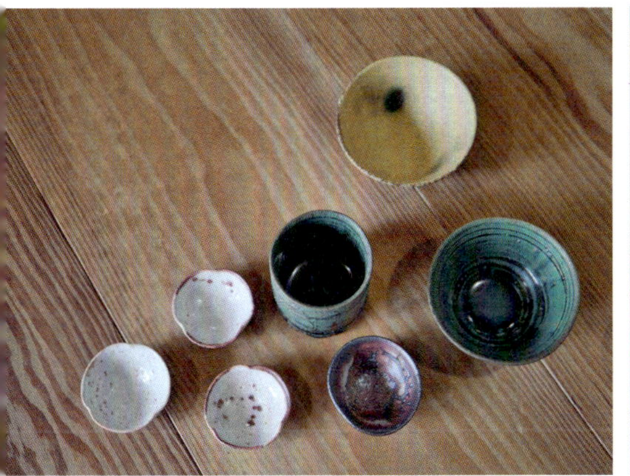

79. Hiroshi Yamada, Sake-Becher in Shino-Glasur und Kazu Yamada, Teebecher, Oribe-Grün, und Reisschalen, Oribe-Grün und Kiseto, Haus Yamada, Echizen, Fukui.

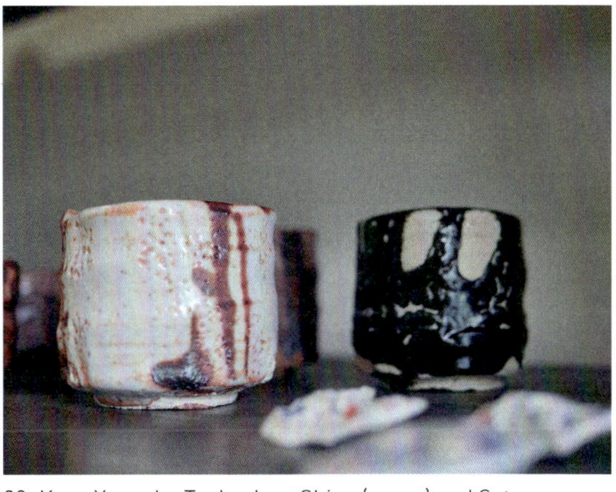

80. Kazu Yamada, Teebecher, Shino (vorne) und Setoguro (hinten), Haus Yamada, Echizen, Fukui.

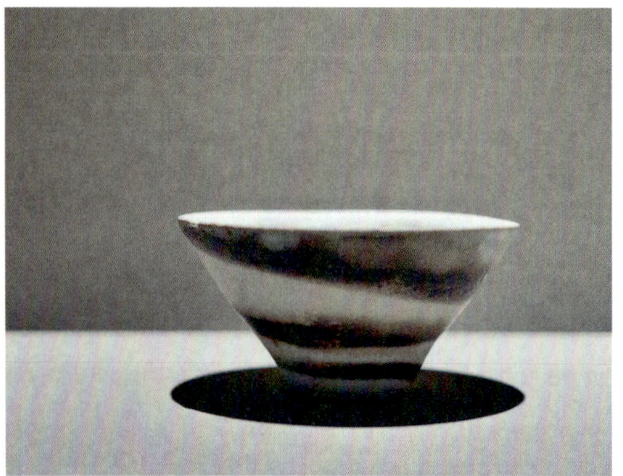

81. Lucie Rie, kleine Schale, *Museum of Oriental Ceramics*, Osaka.

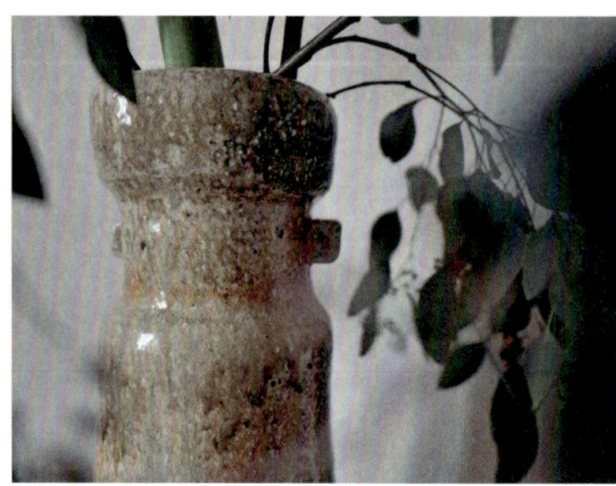

82. Jan Kollwitz, Vase, Iga-Typ, Privatsammlung.

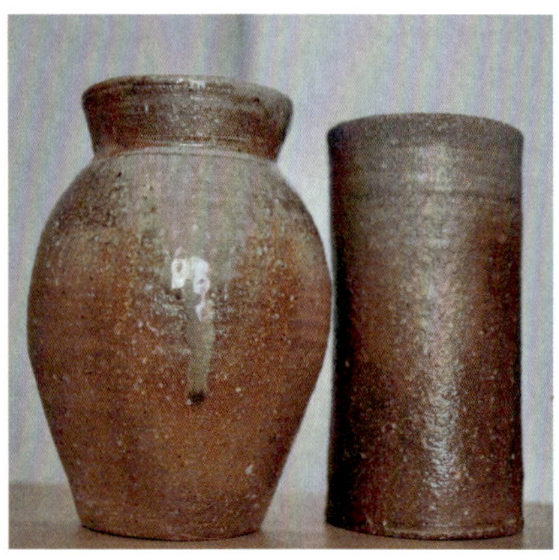

83. Jan Kollwitz, Vorratsgefäß *(Tsubo)* (links) und Vase (rechts), Privatsammlung.

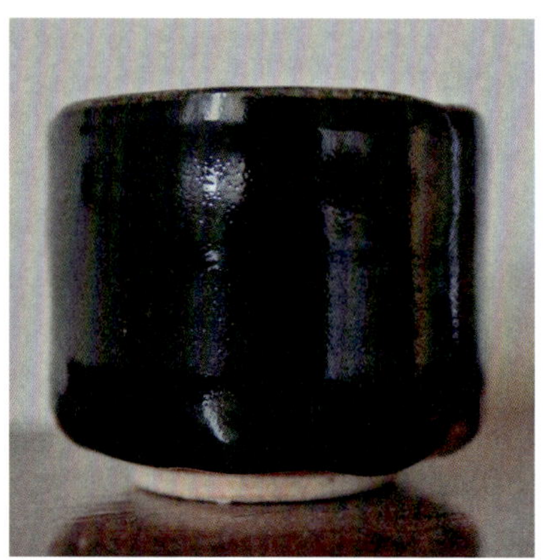

84. Jan Kollwitz, Teeschale, Setoguro, Privatsammlung.

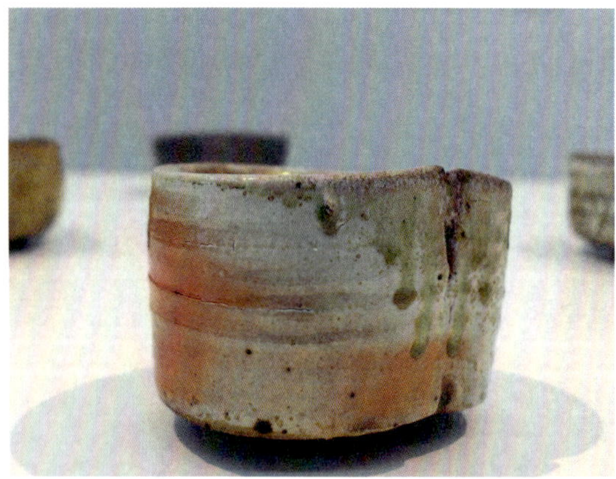

85. Phil Sims, Teeschale, Kunstraum Alexander Bürkle, Freiburg.

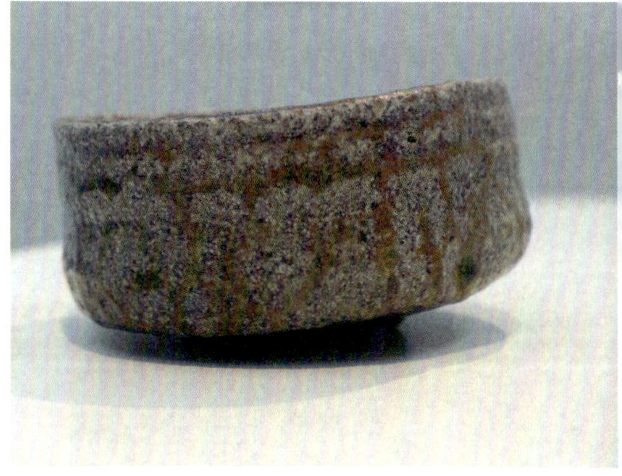

86. Phil Sims, Teeschale, Kunstraum Alexander Bürkle, Freiburg.

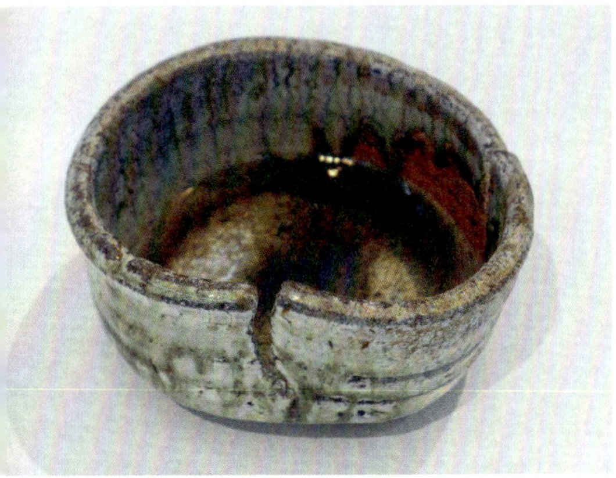

87. Phil Sims, Teeschale, Kunstraum Alexander Bürkle, Freiburg.

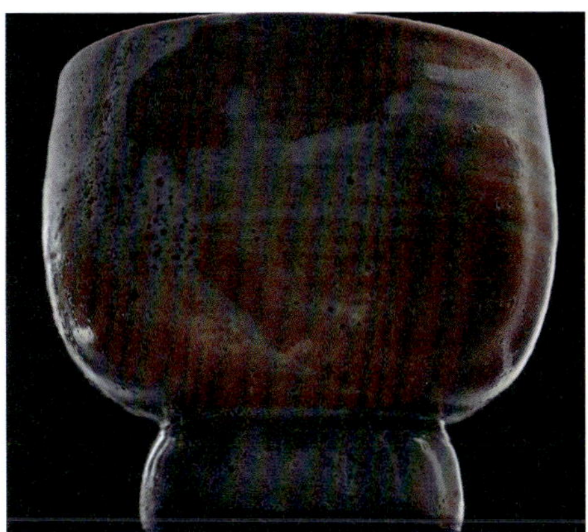

89. Young-Jae Lee, Schale, Ausstellung Kloster Beuerberg, 27. 5. – 3. 10. 2017.

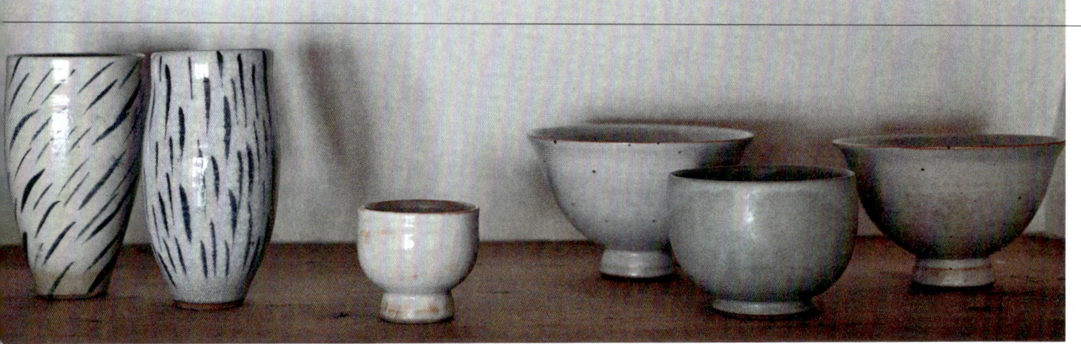

88. Young-Jae Lee, Gefäße, Privatsammlung.

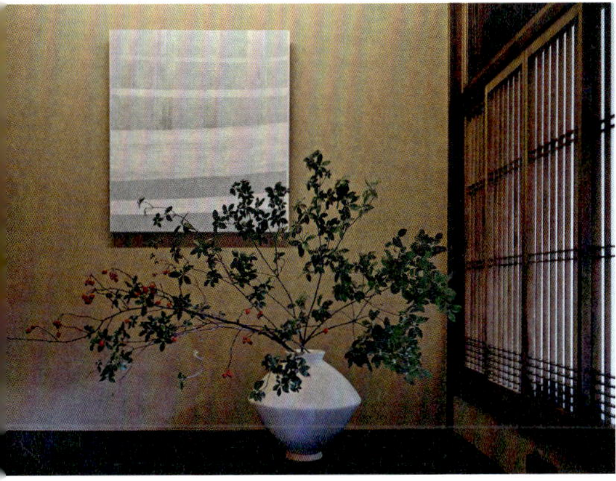

90. Young-Jae Lee, Spindelvase, Galerie Nichi-Nichi, Kyoto.

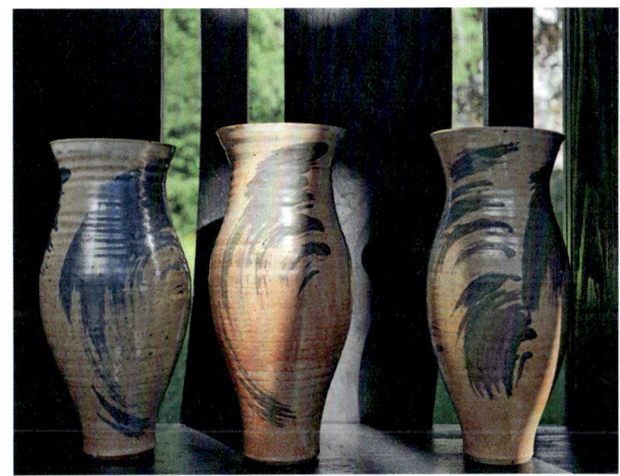

91. Young-Jae Lee, Vasen, Ausstellung Kloster Beuerberg, 27. 5. – 3. 10. 2017.

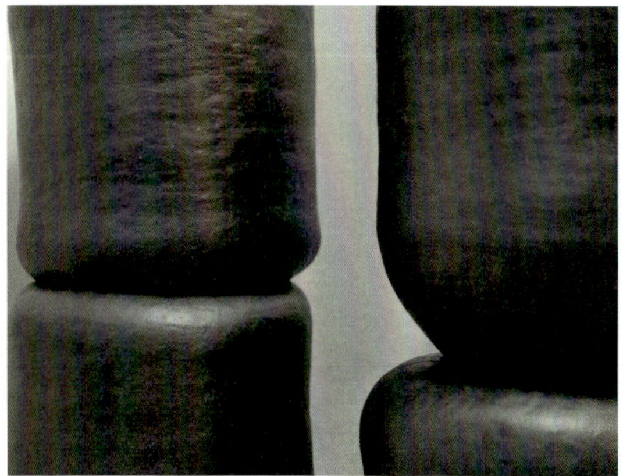

92. Sonja Duò-Meyer, Gefäße, Werkstatt Duò-Meyer, Wetzikon.

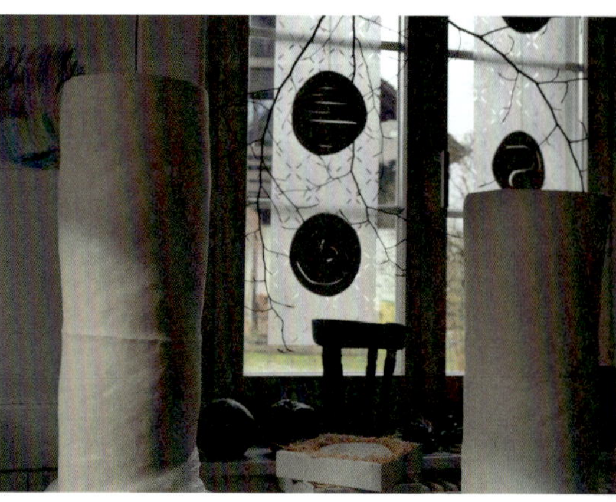

93. Sonja Duò-Meyer, Gefäße, Werkstatt Duò-Meyer, Wetzikon.

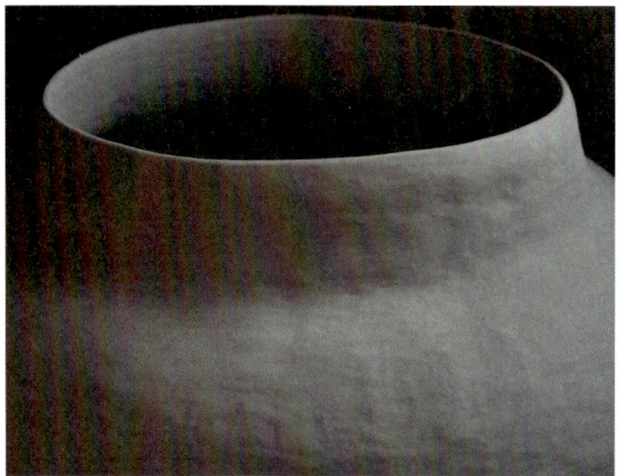

94. Sonja Duò-Meyer, Gefäß, Werkstatt Duò-Meyer, Wetzikon.

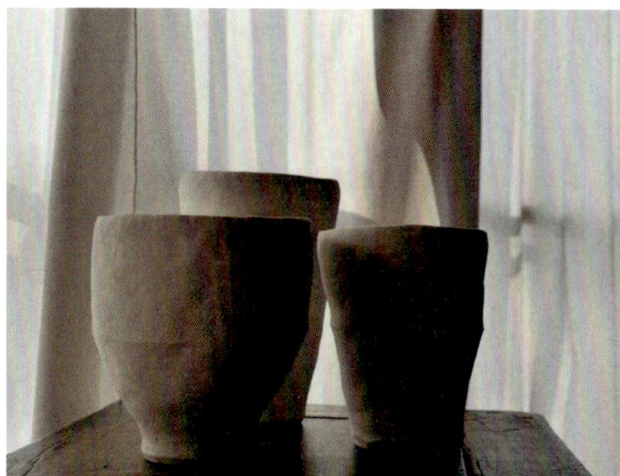

95. Sonja Duò-Meyer, Gefäße, Privatsammlung.

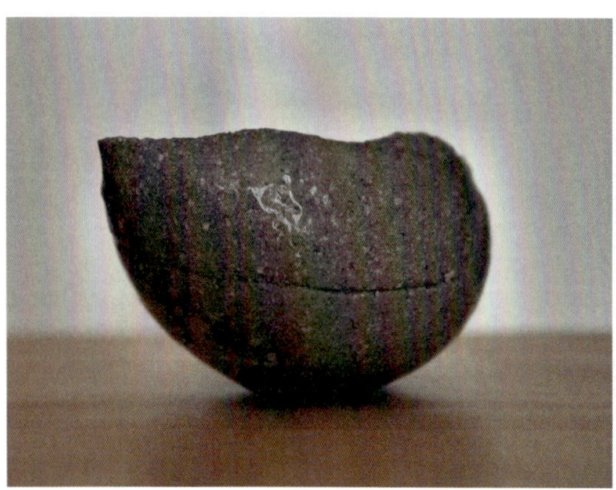

96. Koichiro Isesaki, Gefäß mit Ausgießer *(Katakuchi)*, Privatsammlung.

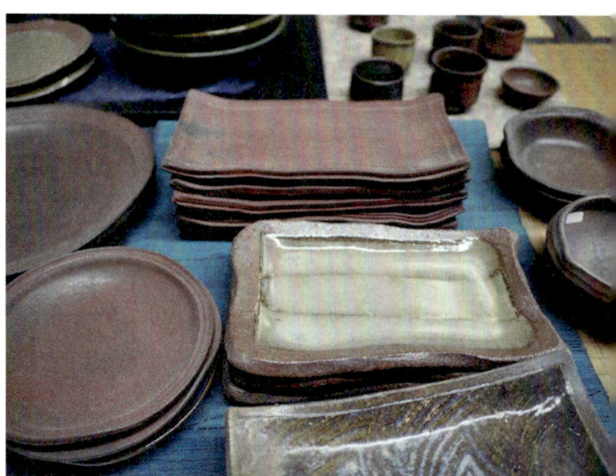

97. Gebrauchsgeschirr, Werkstatt Masaru und Katsuki Ichino, Tamba, Hyôgo.

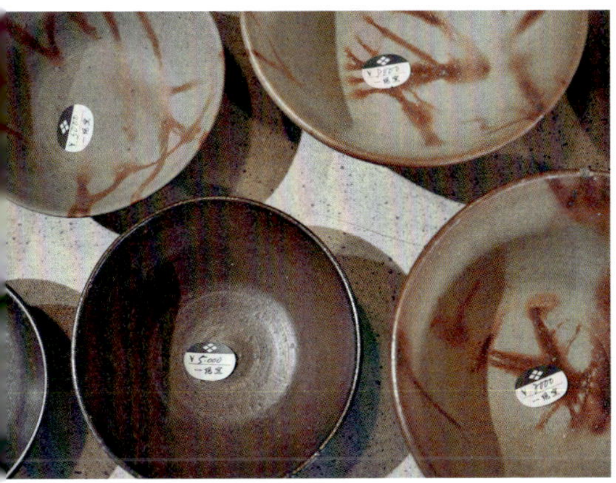

98. Gebrauchsgeschirr, Ausstellungsraum Werkstatt Kozô und Hajime Kimura, Bizen, Okayama.

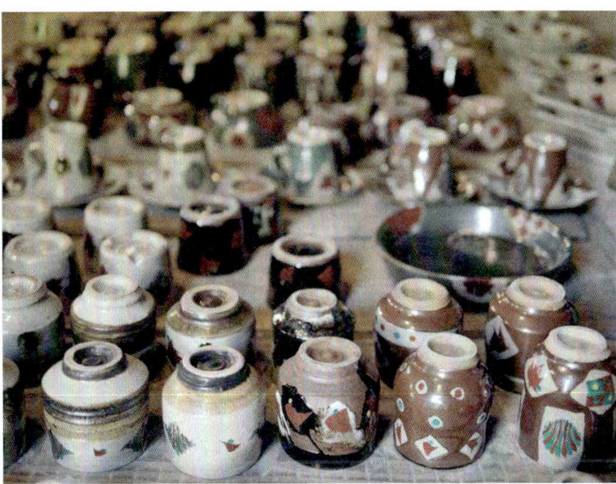

99. Tomoo Hamada, Teebecher und andere Gefäße, Werkstatt Hamada, Mashiko, Tochigi.

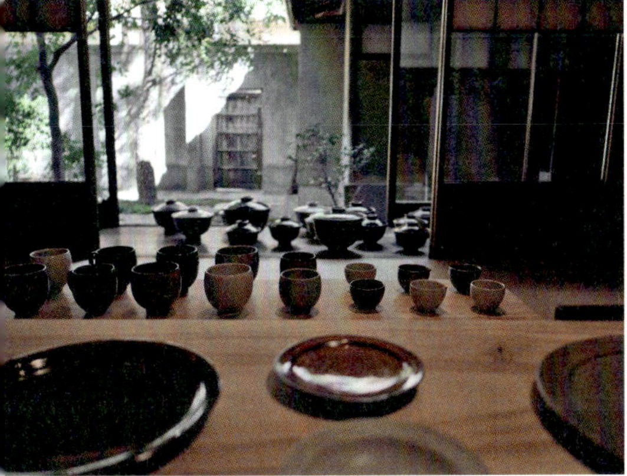

100. Keramische Werkstatt Magaretenhöhe (Essen), Geschirr, Galerie Nichi-Nichi, Kyoto.

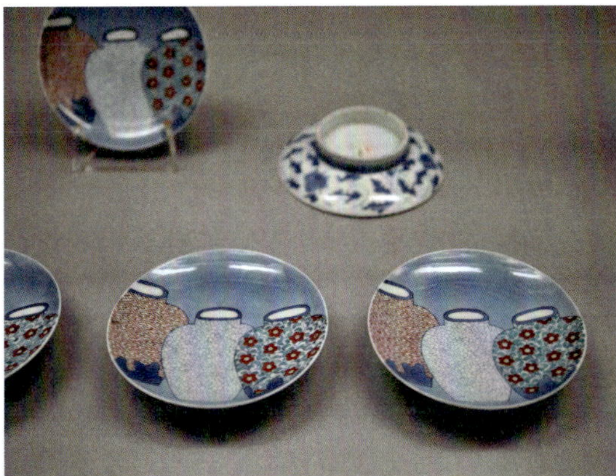

101. Fünf Beistellteller *(Mukozuke)*, Arita-Porzellan, Nabeshima-Stil, (17. Jahrhundert), National Museum Tokyo.

Handwerk und Kunst

Nach Sen no Rikyû und Chôjirô ging es mit der Teekeramik weiter, und es war recht bald klar, dass die Nachfolgenden sich nicht mit Kopien und geringfügigen Variationen der Chôjirô-Form zufriedengeben würden. Daran zeigt sich, dass die beiden Gründer der neuen Gefäß-Ästhetik wirklich eine Kunstform ins Leben gerufen hatten, denn in der Kunst gibt es keine ein für alle Mal geltenden Lösungen. Künstler sind als solche keine Routiniers; ihnen stellt sich die Aufgabe ihrer Kunst immer wieder neu. Wie die Teekeramik zeigt, heißt das nicht, jeder Versuch, neue Lösungen zu finden, müsse das Vorangegangene überbieten und so als ‚Gestriges' außer Kraft setzen. Die Geschichte der Teekeramik ist keine Fortschrittsgeschichte, sondern eine Geschichte von mehr oder weniger ausgeprägten Variationen, die nebeneinander bestehen können. Entsprechend sind Chôjirôs Teeschalen, nachdem andere Lösungen gefunden wurden, nicht überholt.

Die anderen Lösungen kamen nach dem Tod Sen no Rikyûs ins Spiel, der im Jahr 1591 auf Befehl Toyotomi Hideoshis rituellen Selbstmord *(Seppuku)* begehen musste. Die Gründe dafür, weshalb der Teemeister bei dem Herrscher über ganz Japan in Ungnade gefallen war, sind unklar und immer noch umstritten. Nicht unwahrscheinlich ist, dass Sen no Rikyûs einfache, zen-buddhistisch geprägte Weise des *Chanoyu* den Despoten zwar angezogen hatte, aber für seine Prunksucht zugleich eine unerträgliche Provokation war. So jedenfalls hat es Yasushi Inoue in seinem Roman über den ‚Tod des Teemeisters' dargestellt und so eine sachlich wohl kaum klärbare Situation mit den Möglichkeiten der Literatur verständlich werden lassen.

Mit Sen no Rikyûs Nachfolger als Leitfigur des *Chanoyu,* Furuta Oribe (1544 – 1615) erweiterte sich das Spektrum der Gefäße. Da nun eine ausführliche, aus vielen Kleinigkeiten bestehende Mahlzeit *(Kaiseki)* dem Zubereiten und Trinken von *Matcha* voran ging, kamen Platten, flache Schüsseln und vor allem kleine Teller und Schalen *(Mukozuke)* hinzu. Auch änderte sich das Aussehen der Gefäße. Diese, selbst die Teeschalen, waren nun weniger streng; sie hatten freiere Formen, zum Beispiel solche, die nicht rund, sondern oval waren und ‚Schuhform' *(Kutsugata)* genannt wurden. Sie waren nicht mehr nur schwarz oder ziegelrot, und ihre Oberflächen waren oft, wie die des Essgeschirrs, in ungewöhnlichen bis exzentrischen Mustercollagen gestaltet.

Außerdem wurde *Chanoyu* immer beliebter, so dass die Produktion von Teekeramik expandieren und dabei auch vielfältiger werden konnte. Das von Chôjirô begründete Haus Raku – der Name ist wohl eine Abkürzung von *Jurakudai,* dem Namen eines Palastes in Kyoto, in dessen Nähe die Familie wohnte – hatte, was die Teekeramik betraf, kein Monopol mehr. Werkstätten in Seto und Mino kamen hinzu und wurden für die Oribe-Keramik besonders wichtig. Auch die ‚Alten Öfen' Bizen und Shigaraki sowie das letzterem benachbarte Iga stellten nun Teegefäße her, und die Hochschätzung der koreanischen *Ido*-Schalen wurde von den Öfen in Hagi und Karatsu, letzterer auf der Insel Kyûshû gelegen, aufgenommen. Diese waren koreanische Gründungen und hatten insofern eine gewaltsame Vorgeschichte, als die Töpfer, die sie gründeten, von Hideoshi im Zusammenhang des so genannten *Imjin*-Krieges, einem von 1592 bis 1598 dauernden und letztlich erfolglosen Eroberungsfeldzug, nach Japan verschleppt worden waren.

Wie groß die Wirkung von Oribes Neuorientierung der Teekeramik war, zeigt sich nicht zuletzt daran, dass Jôkei, der unmittelbare Nachfolger Chôjirôs, ebenso wie dessen Sohn Dônyû Teeschalen im ‚Oribe-Stil' fertigten. Dônyû entwickelte neue Glasurtechniken, so eine *‚Makugusuri'* genannte Überlaufglasur, bei der eine zweite Glasurschicht wie ein dichter Schleier im sanften Schwung auf dem oberen Teil der Gefäßwand liegt, und eine *Dakatsu* genannte Technik, bei der eine weiße Glasur in sehr hauchfeinen Sprengseln, wie weißer Staub, über die schwarze Glasur gebreitet ist.

Wahrscheinlich waren diese Neuerungen der Raku-Keramik durch Hon'ami Kôetsu angeregt, einen Freund der Familie, der, von Beruf Kaufmann, sich auf Kalligraphie und Lackkunst verstand und wohl der bedeutendste Amateur-Keramiker der Kunstgeschichte war. Kôetsu greift zwar auf die handwerkliche Kompetenz der Raku-Meister zurück, indem er seine Stücke von diesen brennen lässt, und er übernimmt von Dônyû dessen neu entwickelte Techniken. Aber Kôetsus Teeschalenformen sind markant und ausgeprägt individuell; nicht zuletzt darum sind sie für den gegenwärtigen Raku-Meister Kichizaemon XV. und andere zeitgenössische Keramiker wie Kei Tanimoto Vorbild und Anregung. Einige dieser Schalen sind runde, an Früchte erinnernde Formen, deren Gefäßwände sich mehr oder weniger stark über den Fuß wölben, andere eher strenge, ganz leicht konische Gefäße mit geraden Wänden wie die *Fujisan,* eine nach dem Berg *Fuji* benannte Schale, die ein *National Treasure* ist. Der untere Teil der *Fujisan* zeigt die Farbe des gebrannten

Scherbens, nur dünn von einem Glasurschleier überweht, während der obere Teil dicht, aber nicht an jeder Stelle deckend, weiß glasiert ist und so, das mag den Namen erklären, an die Schneehaube des Bergs Fuji erinnern kann. Feine Poren in der Glasur lassen auch hier die Tonfarbe durchkommen. Die Schalenoberfläche ist durch ihre horizontale Aufteilung bestimmt – man könnte auch an Erdschichten denken oder an einen weißlichen Himmel über einer in ihrem Inneren sichtbar gewordenen Erde. Doch keiner dieser Vergleiche erklärt die Schale, die den Vergleich mit den Elementen nicht braucht, weil sie selbst elementar ist, ein Spiel von Oberfläche und Tiefe, von Dunkel und Hell, wie es nur einmal, allein mit dieser Schale, da ist. So ist es auch mit Kôetsus anderen Teeschalen, die andere Möglichkeiten des Gefäßinnenraums und der ihn begrenzenden Oberfläche erkunden.

Es war vor allem die Verschiedenheit der Produktionsstätten mit ihren je anderen Materialien und Techniken, durch die sich die von Sen no Rikyû begründete Teekeramik so lebendig entwickeln konnte. Bizen-Ton oder Ton aus Tamba ist anders als Shigaraki- und Iga-Ton, und dieser ist wieder anders als der Ton aus Mino, Hagi oder Karatsu. Das bedingt verschiedene Gestaltungs- und Brenntechniken, und allein deshalb sehen die Gefäße deutlich verschieden aus. Die Vielfältigkeit der Gefäße kommt aus den vielfältigen Möglichkeiten des keramischen Handwerks und der umsichtigen Nutzung und Verfeinerung dieser Möglichkeiten durch die keramische Kunst.

Doch allmählich ging diese Vielfältigkeit verloren. Im neunzehnten Jahrhundert beschränkte man sich weitgehend auf die Herstellung von Gebrauchsgeschirr oder arbeitete für den Export, und in der 1868 beginnenden, bis 1912 dauernden Meji-Zeit waren die alten Techniken so gut wie vergessen. Sie mussten wiederentdeckt werden – als ob eine prähistorische Kultur zu erkunden sei. Tôkurô Katô in Seto, Toyozô Arakawa in Mino, Tôyô Kaneshige in Bizen und Kiûwa Miwa in Hagi, die zu den bedeutendsten Keramik-Künstlern des vergangenen Jahrhunderts gehören, betrieben archäologische Forschungen, um die verloren gegangenen Möglichkeiten neu zu erschließen. Sie gruben in der Umgebung alter Öfen Scherben aus und analysierten diese, um so Aufschluss über die Zusammensetzung des Tons und der Glasuren sowie über ihre Verarbeitung zu gewinnen.

Diese Wiederentdeckung der Keramik aus der Zeit um 1600, auch *Momoyama Revival* genannt, war eine echte Renaissance. Es ging bei ihr nicht um die historische Erforschung einer früheren Kunstepoche, sondern um die gegenwärtige Kunst. Katô, Arakawa, Kaneshige, Miwa und vergleichbare Künstler sahen in der ,alten' Keramik künstlerische Möglichkeiten, die sie unmittelbar aufnehmen und neu realisieren konnten. Entsprechend sind ihre Arbeiten keine Kopien der Momoyama-Keramik, auch keine historisierenden Nachempfindungen eines alten Stils, sondern eigenständige Werke, für die es unwesentlich ist, dass die Werke, an denen sie orientiert waren und denen sie ähneln, etwa drei Jahrhunderte früher entstanden sind. Die Künstler in Seto, Mino, Bizen und Hagi wurden nur zu Forschern, weil sie in ihrer Gegenwart nichts fanden, das sie künstlerisch überzeugte. Indem sie sich am ,Alten' orientierten und überzeugende Werke hervorbrachten, bewiesen sie dessen Zeitlosigkeit.

Dass an vielen Orten die ,alte' Gefäßkunst vergessen wurde und deshalb neu erschlossen werden musste, ist historisch erklärbar. Aber notwendig im Zuge einer historischen Entwicklung war es nicht – im Gegenteil begünstigt die Gefäßkunst, die oft von Generation zu Generation weitergegeben wird, historische Kontinuitäten. Das gewiss eindrucksvollste Beispiel dafür ist die Familie Raku mit einer inzwischen fünfzehn Generationen umfassenden kontinuierlichen Tradition. Wie das Beispiel der Raku-Keramik außerdem zeigt, waren die ästhetischen Maßstäbe, die Sen no Rikyû gefunden und Chôjirô künstlerisch realisiert hatte, nicht irgendwann ,überholt'. Gewiss waren die Raku-Meister durch ihren Sitz in Kyoto, dem Zentrum der Teekultur, begünstigt. Doch wäre ihre Kunst nicht zeitlos von heute gewesen, hätte sie nicht so kontinuierlich gepflegt werden können – in der Freiheit immer wieder neuer Gestaltung, die jedoch weder Fortschritte noch Rückschritte kennt. Nur sehr wenige Raku-Teeschalen erscheinen zeitgebunden, bezeichnenderweise solche mit figurativen Dekorationen oder eine Schale mit deutlichen Jugendstilanklängen, die von Kakunyû XIV., dem Vater von Kichizaemon XV., stammt. Allerdings nimmt Dônyû, der dritte Raku-Meister, solche Anklänge schon zu Beginn des siebzehnten Jahrhunderts vorweg, so dass auch in diesem Fall die historische Zuordnung unwesentlich ist. Wie neuere Raku-Teeschalen neben solchen der ersten Generationen stehen, so stehen die Arbeiten Katôs und Arakawas neben ,alten' Shino-Schalen und solchen in schwarzer Seto-Glasur *(Setoguro)* und diejenigen Kaneshiges und Miwas neben alten Arbeiten aus Bizen und Hagi.

Dasselbe gilt für die jüngeren Künstler, die in den Traditionen der Raku-, Mino-, Bizen- oder Hagi-Keramik arbeiten. Zwar beginnt jeder Künstler, der in einer bestimmten Tradition arbeitet, neu und muss seinen für ihn gangbaren Weg finden. Doch wenn eine Tradition lebendig ist und so den Zusammenhang künstlerischer Arbeit bilden kann, muss niemand seine Vorgänger für ‚überholt' erklären und allein die eigenen Lösungen gelten lassen. Ein solcher die ‚westliche' Avantgarde einengender Zwang ist der Keramik in den Traditionen von Bizen, Mino, Hagi, Kyoto und anderen Orten ganz fremd.

Was die ‚alten' und ‚neuen' Werke nebeneinander bestehen lässt und ihre historische Abfolge unwesentlich macht, ist kein gemeinsamer ‚Stil', sondern *das Handwerk*. Ein Stil, also eine Erscheinungsform mit charakteristischen Merkmalen, kann imitiert oder auch in einer vom Original abweichenden Technik realisiert werden. So könnte man beispielsweise von Gefäßen ‚im Stil' der Bizen-Keramik sprechen, wenn diese Merkmale aufweisen, die für Keramik aus Bizen charakteristisch sind. Gewiss wird das umso besser zu erreichen sein, je mehr ein Keramiker, der es auf den ‚Bizen-Stil' anlegt, sich an den Fertigungstechniken der originalen Bizen-Keramik orientiert und versucht, diesem so nah wie möglich zu kommen. Dennoch bleibt das Ergebnis eine ‚Anverwandlung' oder gar eine Imitation. Demgegenüber ist ein Gefäß, das dem Handwerk der Bizen-Keramik entsprechend gefertigt, also aus Bizen-Ton gedreht und entsprechend gebrannt wurde, ein Stück Bizen-Keramik und kein ‚Gefäß im Bizen-Stil'. Ein solches Gefäß muss keine Kopie alter Vorbilder sein, um Authentizität zu beanspruchen. Weil es handwerklich authentisch ist, kann es in seiner Form von alten Gefäßen abweichen, so dass die moderne Bizen-Keramik keine museale Traditionspflege sein muss – was sie auch keineswegs ist.

Allerdings gibt es solche Neufindungen nur, wenn die traditionellen Techniken praktiziert und weitergegeben werden. Aus der Einsicht, dass die Kunst derart von der Pflege des Handwerks abhängt, erklärt sich die Institution der ‚Lebenden Nationalschätze' *(Ningen Kokuhô)*. Der Titel wurde und wird Künstlern verliehen, die das Handwerk ihrer Kunst mit besonderer Meisterschaft beherrschen, und verpflichtet sie darauf, ihr Können weiterzugeben. Es geht bei der Verleihung des Titels also nicht um eine möglichst innovative künstlerische Leistung, sondern um die notwendigen Bedingungen für die Ausübung einer Kunst – übrigens nicht nur bei Handwerkskünsten im engeren Sinne wie der Keramik, für die zum Beispiel Toyozô Arakawa, Shôji Hamada und Tôyô Kaneshige den Titel verliehen bekamen, sondern auch bei darstellenden Künsten Tanz, Theater und Musik.

Keramik beginnt mit dem Ton. So ist die Eigenart der Bizen-Keramik allein schon durch den extrem eisenhaltigen Ton bedingt, wie er in Bizen abgebaut und verwendet wird. Dieser Ton verträgt keine rasche und hohe Erhitzung beim Brennen, so dass der Ofen langsam aufgeheizt werden muss und die Brenntemperatur nicht viel über 1200 °C liegen sollte. Entsprechend schmilzt die in einem Holzbrandofen verwirbelte Asche, die sich auf den Gefäßen absetzt, nicht vollständig aus, sondern bleibt oft in kleinen sesamfarbenen Partikeln *(Goma)* oder sogar als ein an groben Sand erinnernder Belag auf der Gefäßoberfläche erhalten. Die Erscheinung solcher Oberflächen ist vollkommen anders bei Gefäßen der Shigaraki- oder Iga-Keramik, deren eisenarmer Ton sich beim Brennen nicht, wie der Bizen-Ton, tiefbraun mit rötlichem Schimmer einfärbt, sondern in Farbtönen, die von einem dunklen Honiggelb über Orangerot bis Rotbraun reichen. Charakteristisch für diesen Ton sind außerdem in ihm enthaltene Feldspat- und Quarzkörnchen, die beim Brennen aufplatzen – man nennt das *Ishihaze*, ‚Steinchenexplosion' – und perlenartig aus dem Ton heraustreten. Sie sind umso größer, je weniger fein der Ton bei der Aufbereitung gesiebt wurde. Shigaraki- und Iga-Keramik wird recht hoch und sehr viel kürzer als Bizen-Keramik gebrannt, dafür oft mehrfach, bei Temperaturen deutlich über 1300 °C., so dass die geschmolzene Asche sich auf den Gefäßen in mehrschichtigen Glasuren und oft als leuchtend grüner Glasfluss oder sogar in dicken Glastropfen ablagern kann.

Nicht nur der Ton, auch der Ofen bestimmt das Aussehen der Gefäße. Holzbrandöfen, bei denen die Gefäße und das Feuer in einer Kammer sind *(Anagama)*, oder auch Mehrkammeröfen *(Noborigama)*, die sich wie gemauerte Riesenschlangen einen Berg hochziehen und bei entsprechender Größe gut zehntausend Gefäße aufnehmen können, führen je nach Größe und Bauart zu sehr verschiedenen Ergebnissen. Auch macht es einen Unterschied, ob ein Ofen flach oder in Schräglage gebaut ist, die Länge des Schornsteins beeinflusst den Zug und damit die Hitzeentwicklung. Deshalb bauen sich manche Keramiker ihre Öfen selbst und entscheiden so zum Beispiel, ob sie eher reduzierend oder oxydierend brennen wollen. Dann ist der Ofen wie ein Instrument, das ganz auf die Spielweise eines Musikers eingestellt ist und zugleich an den Musiker seine ganz eigenen Anforderungen stellt. Doch anders als ein Instrument ist ein Holzbrandofen, einmal in Brand gesetzt, eine Elementarkraft, ein fauchendes und tobendes Feuer, dessen Wirkung auf die Gefäße nicht gesteuert werden kann. Zwar kennen erfahrene

Keramiker das Element des eingehegten Feuers so gut, dass sie keine technischen Hilfsmittel brauchen; sie sehen die Temperatur an der Farbe der Flamme oder hören sie am Elementargeräusch des Feuers im Ofen. Doch zu einem Instrument, das man ‚beherrschen' könnte, wird der Ofen dadurch nicht. Um die Kraft des Feuers zu besänftigen, stellt man deshalb kleine, improvisiert anmutende Altäre mit Opfergaben auf die Öfen – meist Sake und Reis.

Zum Handwerklichen der Keramik gehört, nach der Auswahl und Aufbereitung des Tons und vor der dem Ton entsprechenden Brennweise, wesentlich die Formung und gegebenenfalls auch die Glasierung der Gefäße. Ein Gefäß, das aufgebaut wurde, sieht anders aus als ein gedrehtes Gefäß, und das Drehen ist wieder anders auf einer Handscheibe, auf einer mit dem Fuß angetriebenen oder einer Scheibe mit Motor. Auch wenn Gefäße gedreht, und nicht wie Raku-Teeschalen geformt werden, ist die Nachformung eines noch weichen Gefäßes mit den Händen und die Bearbeitung der Oberfläche mit Spateln und anderen, oft selbst gefertigten Werkzeugen durchaus üblich. Eine mit den Händen geformte Schale zeigt besonders gut, dass die Schale eine Vergegenständlichung der zum Trinken schalenförmig gehaltenen Hände ist. Entsprechend lässt sie sich gut halten, man ergreift sie gern, um aus ihr zu trinken und auch, um sie zu betrachten. Indem man sie hält, umgreift man den Gefäßinnenraum in seiner Offenheit oder Geschlossenheit und in seiner Weite. Leichte Einbuchtungen der Wand kommen den Händen und Fingern gleichsam entgegen. Man findet Halt und fühlt nach, wie die Hand des Töpfers den noch weichen Ton gestaltet hat, so dass die Gefäßwand jede Starre verliert und der Gefäßinnenraum in seiner Gestaltbarkeit erscheint. Auch so erkennt man die Form einer Schale – nicht allein mit dem Auge, sondern auch mit der Hand und auch daran, wie es sich anfühlt, wenn man sie mit den Lippen berührt.

Das Handwerk, wie es gerade in einigen Aspekten beschrieben wurde, ist Handwerkskunst, aber keine Kunst. Ein Becher für gewöhnlichen Alltagstee zum Beispiel *(Yunomi)*, aus einer Werkstatt, die nur Alltagskeramik herstellt, ist genauso als Bizen-Gefäß zu erkennen wie ein *Chawan* von Tôyô Kaneshige. Die handwerklichen Bedingungen sind für beide Stücke die gleichen. Doch im Handwerk werden diese Bedingungen im Allgemeinen als selbstverständlich hingenommen. Wenn sie verändert werden, dann meist unter dem Gesichtspunkt technischer Erleichterung oder der Effizienz – allerdings niemals umfassend, denn sonst verlöre ein Handwerk seine Identität.

Es sind nicht solche Veränderungen, durch die eine Handwerkskunst zur Kunst wird. Im Gegenteil können sie für die Kunst sogar hinderlich sein. So wäre es unter Gesichtspunkten handwerklicher Produktion möglicherweise sinnvoll, einen mit Holz gefeuerten Einkammerofen *(Anagama)* durch einen Elektro- oder Gasofen zu ersetzen. Für eine Gefäßkeramik, der es um Kunstwerke geht, ist der *Anagama* jedoch unverzichtbar, wenn es gerade auf den Ascheanflug und die Oberflächenbildung durch diesen ankommt. In einem Elektro- oder Gasofen könnte man diese Oberflächenbildung höchstens imitieren, etwa indem man Asche über die noch ungebrannten Gefäße streut. Doch so, wie es im *Anagama* wäre, ist das Ergebnis bei solchen Verfahren nicht. Es fehlen zum Beispiel die feinen Übergänge, in denen aus einem Hauch von Aschestaub allmählich eine dickere und schließlich verlaufende Glasur wird, es fehlen Spuren der Zugluft, die den Aschestaub über die Gefäße gefegt hat, oder transparente Schichten von Ascheablagerung. Wenn es, wie zum Beispiel bei dick mit geschmolzener Asche überzogenen kleinen Vasen Shirô Tsujimuras, auf solche Bildungen ankommt, statt nur darauf, die Gefäße im Brand fest und damit brauchbar zu machen, ist das Handwerk als solches zur Kunst geworden.

Allerdings ist die Kunst nicht in jedem Fall von Brenntechniken abhängig, die man vielleicht ‚archaisch' nennen möchte, obwohl sie doch als Möglichkeiten gegenwärtiger Kunst ganz modern sind. Es gibt auch Bildungen, die in einem Elektro- oder Gasofen ebenso gut und vielleicht sogar besser möglich sind, zum Beispiel die so genannte ‚Feuerschnur' *(Hidasuki)*, die dadurch entsteht, dass die Gefäße vor dem Brand mit Reisstroh umwickelt werden, das im Ofen verbrennt und dabei auf dem Ton rote Spuren hinterlässt. Wenn solche Gefäße im Holzbrandofen gebrannt werden, ist die Erscheinung der ‚Feuerschnüre' mit der des Ascheanflugs kombiniert, während sie beim Brand im Elektro- oder Gasofen unbeeinträchtigt von anderen Oberflächenbildungen hervortreten kann.

‚Feuerschnüre', ein Gestaltungsmittel der Bizen-Keramik, sind ein gutes Beispiel für die Modifikation des Handwerks zur Kunst. Ursprünglich hatte das Umwickeln von Gefäßen mit Reisstroh den Sinn, die ungebrannt gestapelten Gefäße voneinander zu trennen oder sie beim Transport von der Werkstatt zum Ofen vor Beschädigung zu schützen. Dabei war es wohl unvermeidlich, dass Blätter und Stängel des Reisstrohs an den Gefäßen kleben blieben, vor allem dann, wenn diese recht frisch gedreht waren und der Ton noch nicht trocken werden konnte. Das hat man in Kauf genommen – vielleicht, weil die Reisstrohspuren nur schwer zu entfernen waren, vielleicht auch, weil es bei Gebrauchsgeschirr nicht darauf ankam. Auch konnte es sein, dass man das Reisstroh absichtlich zwischen den Gefäßen ließ, nämlich dann, wenn der Ofen möglichst effektiv genutzt werden sollte und deshalb Gefäße ineinander gestellt wurden. Mit dem Reisstroh konnte verhindert werden, dass die Gefäße beim Brennen aneinander festbackten. Stellt man Gefäße so für den Brand ineinander, bleibt in der Mitte einer flachen Schale oder eines Tellers eine unregelmäßige Zeichnung aus roten Linien zurück, kombiniert mit einem helleren Kreis, der durch den Fuß des in einer Schale oder auf dem Teller stehenden Gefäßes gezeichnet wurde. Eine ähnliche Wirkung kann dadurch erreicht werden, dass man vor dem Brennen einen Tonklumpen – mit dem Wort für kleine runde Reiskuchen ‚*Botamochi*' genannt – so auf einer Gefäßoberfläche anbringt, dass er nach dem Brennen leicht zu entfernen ist. Entfernt man ihn, bleibt auf der mit angeflogener Asche bedeckten Oberfläche ein blass roter oder leuchtend roter Kreis ausgespart.

Wie ‚Feuerschnüre' zu einer Möglichkeit der Kunst werden, lässt sich am Beispiel von Gefäßen Makoto Kaneshiges studieren – er ist Neffe von Tôyô Kaneshige und Sohn von dessen Bruder Sozan, der die *Hidazuki*-Technik besonders gepflegt und verfeinert hat. Zwei *Yunomi* in verschiedenen, wie beiläufig und dabei mit sicherer Hand gedrehten Formen, so klar und einfach gestaltet, dass die Form auf den ersten Blick einleuchtet und sich dennoch nicht vordrängt, sind von kräftigen ‚Feuerschnüren' gezeichnet, die ihre Vertikale betonen. Einer der beiden Becher war so dicht in Reisstroh gepackt, dass die rote Einfärbung des Scherbens an einer Seite den ganzen Fuß bedeckt und sich nach oben hin in sehr feinen Abstufungen auflöst. Besonders an diesem Becher fallen die unscharfen Ränder der ‚Feuerschnüre' auf. Obwohl diese breit und markant sind, wirken sie nicht wie aufgemalte Striche. Sie treten auf dem roh gebliebenen gebrannten Ton sehr weich hervor, und an einigen Stellen löst sich aus dem leuchtenden Rot eine Kontur wie die feiner Gräser. Dabei verbindet sich die Erscheinung der ‚Feuerschnüre' mit der des Tons. Dieser ist nicht fein gesiebt worden, sondern enthält viele Steinchen und hat so nach dem Brand eine leicht körnige und damit frische, lebendig wirkende Oberfläche bekommen. Auch haben die Steinchen beim Glätten der Gefäßwand mit einem Spatel Spuren im Ton gezogen, die keine ‚Unsauberkeiten' sind, sondern, ebenso wie die kleinen weißen Perlen der ‚Steinchenexplosionen', zur Lebendigkeit der Gefäßoberfläche beitragen. Es ging nicht um eine möglichst glatte und, wie man vielleicht sagen möchte: ‚makellose', Oberfläche, sondern darum, den Ton in seiner Textur zur Erscheinung kommen zu lassen. Die Becher sind im Zusammenspiel ihrer sehr klaren und schlichten Formen mit den feinen Unregelmäßigkeiten der Oberfläche schön – von starker Erscheinung, gerade weil sich an ihnen nichts vordrängt und sich in der Erscheinung die Unscheinbarkeit erhält, aus der die unwillkürliche Zeichnung der Feuerschnüre hervorkommt. Und schön sind sie nicht als Gebrauchsdinge, sondern als primordiale Gefäße – als Gefäße vor jeder Bedeutung.

Kaneshiges Becher zeigen, dass die Kunst bereits mit dem ersten Schritt der handwerklichen Verfertigung von Gefäßen beginnt, nämlich mit der Aufbereitung des Tons, der in der Werkstatt Kaneshige übrigens aus eigenen Tongruben stammt und nicht maschinell bearbeitet wird, sondern, wie es jahrhundertelang üblich war, mit den Füßen durchgeknetet – so lange getreten, bis er entlüftet ist und elastisch genug, ohne seine Konsistenz zu verlieren. Dergleichen war im Handwerk selbstverständlich und wurde allein aus einem praktischen Grund verändert: die maschinelle Tonaufbereitung ist weniger mühsam. Wenn es künstlerisch um die Erscheinung eines Gefäßes geht, kann es jedoch sinnvoll sein, an der ‚alten' Technik der Tonaufbereitung festzuhalten oder gar zu ihr zurückzukehren. Mit einer sentimentalen Anhänglichkeit an das Traditionelle hat das nichts zu tun.

Doch wie auch immer die Handwerkstechniken sind – am Zustandekommen von Gefäßen wie den Teebechern Kaneshiges ist nichts beteiligt, das nicht zum Handwerk gehörte. Es gibt keinen ‚Kunstwillen', der darauf aus war, etwas ‚Außergewöhnliches' zu schaffen und entsprechend keine künstlerischen Zutaten, durch die sich ein Gefäß von ‚normalen' Handwerksprodukten abheben soll. Nichts wurde auf einen Effekt hin gemacht, alles ist stimmig und kann stimmig sein, weil es sich aus den Möglichkeiten des Handwerks ergeben hat. Gefäße dieser Art sind nur möglich, wenn keine betont künstlerische Absicht das Tun bestimmt. Es sind Gefäße, die einfach Gefäße sind und nichts anderes sein sollen.

Dabei sind diese Gefäße keine bloßen, für einen bestimmten Gebrauch hergestellten Handwerksprodukte, sondern Dinge, bei denen das Dingliche vor allem in seiner Erscheinungsqualität zählt. Als Gefäße sind sie dann Raumdinge zu deren Erscheinung wesentlich das Erscheinen ihres Raumcharakters gehört. Dieser kommt nicht allein durch die Form der Gefäße zur Geltung – durch die zur

Lippe hin leicht geschlossene Wölbung des einen, durch die scharf vom Fuß abgesetzte Dehnung des anderen, zylinderförmigen, sondern auch dadurch, dass der Gefäßinnenraum auf der Oberfläche der Wand gleichsam nach außen gekehrt ist. Die Oberfläche hat ihre eigene Tiefe, indem die Feuerspuren sich vom hellen Ton der Gefäßwand abheben, als stünden sie vor ihm. Ohne jede Raumillusion sieht man zwischen den roten Figuren in den Ton und so in die äußere Erscheinung des Gefäßraums hinein.

Durch Kunst kann demnach auch ein Alltagsgefäß wie ein *Yunomi* zu einem Erscheinungsding werden, und entsprechend muss der Kunstcharakter von Gefäßen nicht den zum *Chanoyu* gehörenden Gefäßen vorbehalten sein – den Vasen für die Schmucknische des Teeraums, den Frischwassergefäßen und vor allem den Teeschalen, deren anspruchsvolle Form vom Künstler ein ausgeprägtes Dingraum-Gefühl verlangt. Gewiss ist ein den *Yunomi* verwandter *Chawan* von Makoto Kaneshige im Vergleich mit diesen noch mehr Erscheinungsding – in seiner ausgewogenen Form, die den Gefäßinnenraum in den Raum ausschwingen lässt, und in seiner feineren, noch subtiler in die Tiefe weisenden Feuerschnurzeichnung. Doch immer wenn Gefäße über ihre Bedeutung hinaus ‚einfach sie selbst' und darin schön sind, sind sie Kunst und also mehr als normale Handwerksprodukte – Gefäße wie ein Alltagsteebecher von Kaneshige oder auch ein *Katakuchi* von Katsuki Ichino, ein Gefäß, das zum Ausschenken von Sake oder zum Abkühlen des Wassers für grünen Tee gedacht ist und dennoch unabhängig von seiner Bedeutung ins Auge fällt – in seiner klaren, anmutig von der schräg nach oben weisenden Tülle akzentuierten Form und in seiner beim Brennen entstandenen, aus dem Dunkleren ins Hellere aufsteigenden Färbung.

Solche Übergänge von alltäglichen Gebrauchsdingen zu Kunstwerken zeigen an, dass zwischen dem Handwerk und der Kunst nicht die Grenze verläuft, die man für die Behauptung einer ‚autonomen', in sich abgeschlossenen Kunst unterstellen müsste. Es gibt Kunstwerke, die von der gleichen Art wie kunstlose Handwerksprodukte sind, Teebecher für Alltagstee zum Beispiel, und es gibt Werke wie die *objets trouvés* der Teemeister, die nicht als Kunstwerke gemeint waren, aber in ihrer Schönheit wie Kunst sind.

Wenn etwas schön ist, war es bereits schön, bevor es als solches entdeckt wurde. Nicht erst die besonderen Kenner des Schönen, die geübten Kunstbetrachter, sind auf die Schönheit brauchbarer Dinge gestoßen – als ob deren Entdeckung einem besonders geschulten Blick vorbehalten sei. Schon die Oberflächen der ältesten erhaltenen Gefäße sind gestaltet, mit ornamentalen Zeichnungen oder Prägungen versehen, und auch sehr frühe Glasuren haben Erscheinungscharakter, so dass sie wohl nicht nur zur Abdichtung der Gefäße gemacht worden sind. Es gibt Alltagsgefäße mit Ascheanflug-Effekten, die mehr als unvermeidliche Begleiterscheinung des Brandes sind – zum Beispiel Haushaltsgefäße der Sanage-Keramik aus dem zehnten Jahrhundert oder Vorratsgefäße *(Tsubo)* aus den ‚Alten Öfen' Tamba, Tokoname, Echizen und Shigaraki, die ebenfalls aus der Zeit vor der Kunstreform Sen no Rikyûs stammen, gewiss ohne künstlerischen Anspruch gemacht, jedoch mit Glasurverläufen von besonderer Schönheit. Wahrscheinlich hat man solche Gefäße gern angesehen, ohne auch nur zu erwägen, ob dies nun Kunst sei oder nicht. Vielleicht waren sie eine ganz unwillkürliche Bildung des Schönen, doch vielleicht auch etwas, dessen mögliche Schönheit zwar nicht die Hauptsache war, aber im Handwerk mitspielte – in einer Kunst vor der Kunst.

Wie anders die Schönheit eines Werks ist, bei dessen Herstellung es wesentlich auf seine Schönheit ankam, sieht man vielleicht nicht auf den ersten Blick, doch immer deutlicher, je länger man hinschaut. Betrachtet man zum Beispiel eine Hängevase *(Kake Hana)* Kei Tanimotos, so könnte man sie auf den ersten Blick für ein traditionelles, etwas nachlässig gefertigtes Handwerksprodukt halten. Die Form der Vase ist traditionell; es ist die eines Vorratsgefäßes, das man mit einem in der Gefäßwand befestigten Metallring an einem Haken an der Wand aufhängen konnte. Solche Gefäße dienten möglicherweise der Aufbewahrung von Saatgut, das man vor Mäusen und Ratten schützen wollte.

Aber Tanimotos Vase ist eine Vase und kein Vorratsgefäß. Sie ist ein reflektiertes Spiel mit dem alltäglichen Handwerksprodukt, nicht für ein Bauernhaus, sondern für die Schmucknische *(Tokonoma)* eines traditionellen japanischen Raums und besonders eines Teeraums gedacht, genauer dafür, den Pfosten dieser Nische zu schmücken und mit der Kalligraphie oder dem Tuschebild an deren Rückwand zu korrespondieren, – ein geradezu demonstrativ kunstloses Quasi-Bauerngefäß für die Umgebung einer elaboriert ästhetischen Praxis und darin ein Spiel mit den *objets trouvés* der Teemeister, das künstlerische Zitat eines solchen Objektes und wohl auch ein wenig seine Parodie, da es nicht gefunden, sondern gemacht ist.

Dabei verbirgt das Gefäß seinen Kunstcharakter nicht; es stellt ihn nur nicht so aus, als würde es laut ‚Kunst!' rufen, sondern spielt ihn an und lässt ihn im *understatement* und also unscheinbar bleiben. Das Gefäß ist recht breit für seine Höhe, so dass es standfest und gedrungen wirkt, aber zugleich leicht konisch aufragt. Die Gefäßwand ist bucklig, was dadurch kommt, dass sie aufgebaut und nicht auf der Scheibe gedreht wurde. Sie wirkt ‚kunstlos', ebenso wie der angesetzte Boden, dessen eleganter Schwung allerdings schon den Meister verrät. Spätestens erkennt man den Kunstcharakter des Gefäßes, wenn man den leuchtenden Glastropfen an seiner geschwungenen, nach außen gestülpten und das Gefäß betont öffnenden Lippe bemerkt. Das Gefäß ist so im *Anagama* gebrannt worden, dass eine solche Tropfenbildung möglich, wenn nicht gar wahrscheinlich war – auf der Seite liegend, gestützt durch zwei kleine Muscheln, die in den Scherben eingebrannt sind. Außerdem war die Position der Vase im Ofen so gewählt, dass sie nicht ganz mit flüssiger Asche überzogen wurde, sondern nur auf der Schulter, während am Gefäßkörper der Scherben durch die verwirbelte Asche hellgrau, mit nur leicht grünem Schimmer, eingefärbt ist. Am Hals und an einer Stelle oberhalb des welligen Fußes scheint die Farbe des unglasierten Scherbens durch.

Kei Tanimoto hat auch Gefäße gemacht, deren Kunstcharakter offenkundiger ist –Sakeflaschen *(Tokkuri)*, Sakebecher *(Guinomi)* und vor allem Teeschalen. Deren Oberfläche, mit hellen und dunklen Einsprengseln markiert, ist bei mehrmaligem Brennen in verschiedenen Positionen Schicht um Schicht gewachsen und hat dadurch eine wie aus dem Dunkel kommende Leuchtkraft bekommen. Es gibt allmähliche Übergänge von hellen Graugrüntönen ins dunklere Grau und in ein Tiefschwarz, das, wie der Nachthimmel durch die Sterne, durch kleine Kristallperlen belebt wird. Tanimotos Teeschalen sind im Allgemeinen recht groß, breit ausladend. Sie wirken schwer, jedoch im Schwung ihrer Wände und vor allem der Lippe zugleich elegant und sind, wenn man sie in die Hände nimmt, überraschend leicht, also ein Spiel aus Leichtigkeit und Schwere. Die Gefäßwände sind wie eruptiv bearbeitet, mit kräftig gezogenen Rillen, so dass eine Schale, auf kräftigem Fuß exponiert, in Schichten zu ihrer schwingenden Lippe emporzuwachsen scheint, während eine andere wie gefurcht wirkt, mit Ablagerungen von leuchtend grünem Glas auf zurückhaltendem Graugrün. Und blickt man in eine Teeschale hinein, an der mit ihren Bearbeitungsspuren wie zerklüftet wirkenden Gefäßwand entlang auf den Boden mit seinem durchsichtigen, intensiv grünen Glasfluss, so scheint man in eine Tiefe zu blicken, die viel tiefer ist als sie bei der Größe dieses Gefäßes sein kann. Tanimotos Teeschalen sind starke Erscheinungen, an ihnen ist viel zu entdecken. Sie stehen in aller Leichtigkeit fest wie Bauwerke da, als solle ihr Innenraum eine bergende Tiefe für den intensiv grünen Schaum des aufgeschlagenen Tees sein, so dass dieser leuchten kann, als sei er flüssige Antwort auf das Farbspektrum der Gefäße.

Manche Teeschalen Tanimotos sehen aus, als sei die Gefäßwand beim Brennen gerissen und als habe die Glasur den Riss überdeckt. Man darf das als ein Zitat verstehen oder als eine Anspielung darauf, dass Iga-Keramik, bei extrem hohen Temperaturen gebrannt, nicht selten im Ofen zersprungen oder zerrissen ist. Das musste jedoch kein Unglück sein, sondern wurde von den Teemeistern und Kennern der Oribe-Zeit als ästhetische Qualität angesehen – als intensivierte Unregelmäßigkeit, mit der sich der Gefäßinnenraum derart in den Raum öffnet, dass die Brauchbarkeit des Gefäßes in Frage steht und deutlich wird, dass es nicht primär auf die Brauchbarkeit ankommt. Ein in dieser Hinsicht berühmtes Frischwassergefäß *(Mizusashi)*, das zur Sammlung des *Goto Art Museum* in Tokyo gehört, heißt nicht umsonst *Yabure-bukuro*, ‚Geplatzter Beutel'. Was unter dem Gesichtspunkt des Gebrauchs vielleicht aussortiert würde, kann als ein Ding mit Erscheinungsqualität bestehen. Vielleicht heben die Künstler deshalb gern zerbrochene Gefäße und Fehlbrände in der Nähe des Ofens auf.

Mit seinen Vasen reflektiert und erkundet Kei Tanimoto die Grenze zwischen dem Gefäß und der Skulptur bzw. der Malerei. Es sind flache, manchmal konisch aufragende, sich wie ein Fächer öffnende Gebilde oder solche, die wie aus dem Ton herausgerissene Fetzen wirken, mit Rändern wie Geröllhalden, heftigen Einzeichnungen und aufgeprägten Mustern, einige mit farbigem Ton bemalt, immer noch Vasen, die im *Tokonoma* eines Teeraums aufgestellt werden können und dort auf ihre Weise die der Iga-Keramik eigene Exzentrizität vertreten. Doch es gibt auch fast verschlossene, die Vase in Vasenform negierende Objekte, die ihren Innenraum unzugänglich halten, flach zulaufende, an Flossen erinnernde Gebilde, die mit verschieden großen Punkten aus farbigem Ton belegt sind und Keramik und Malerei zusammenführen – so wie in Tanimotos keramischen Bildern die Künste des Malers und des Keramikers vereint sind.

Tanimoto kennt die Keramik und besonders die Iga-Keramik von Grund auf, nicht zuletzt durch seinen Vater Kosei Tanimoto, der für Iga eine ähnliche Bedeutung hat wie Tôyô Kaneshige für Bizen oder Toyozô Arakawa für Mino. In Kosei

Tanimotos Werkstatt arbeitet jetzt sein Enkel Takashi, der sich anders als sein Vater Kei auf die Gefäßkeramik konzentriert und dabei wieder ‚klassische' Iga-Formen aufnimmt. Auch er ist allerdings kein Traditionalist. Seine Gefäße und die seines Vaters sind in ihrer Kühnheit vielleicht sogar ‚mehr Iga' als die Gefäße von Kosei Tanimoto, die mit ihren zarteren Ascheglasurverläufen auf honiggelbem Shigaraki-Ton viel vorsichtiger wirken. Es ist nicht unwahrscheinlich, dass diese Kühnheit mit einem freieren Blick auf die eigene Kunst zu tun hat. Takashi Tanimoto hat in Europa Kunst studiert, wie sein Vater, der nach einem Kunststudium in Paris und bei gründlicher Vertrautheit mit der ‚westlichen' Kunst der Moderne die Gefäßkunst im übergreifenden Kontext sieht und mit seinen Werken zeigt, dass sie nicht weniger reflektiert, anspielungsreich und ‚gelehrt' sein kann als Malerei, Musik und Literatur.

Dabei geht jedoch niemals das Handwerk verloren. Kei Tanimotos Gefäße und gefäßartige Gebilde sind – wie auch die Gefäße Makoto Kaneshiges – von einer handwerklichen Sicherheit, die sich jahrzehntelanger Übung und großer Erfahrung verdankt. Zu dieser Sicherheit gehört auch ein klares Bewusstsein davon, was machbar ist und was nicht – weniger um sich auf das Machbare zu beschränken, als vielmehr, um dem, was nicht machbar ist, seinen Spielraum zu lassen: der Eigenart des Tons und des sonst verwendeten Materials und vor allem der Eigenart des Ofens. Zwar lassen sich die Gefäße so im *Anagama* anordnen, dass bestimmte Effekte durch das Feuer und den Ascheanflug möglich, vielleicht sogar wahrscheinlich werden. Doch wie genau ein Gefäß aussieht, wenn es aus dem abgekühlten Ofen geholt wird, weiß auch der erfahrenste Keramiker vorher nicht. Ebenso werden die Feuerspuren, die das Reisstroh auf die Gefäße zeichnet, nie genau vorhersehbar sein. Das sind jedoch keine Einschränkungen, sondern Möglichkeiten der Kunst. Während im Handwerk, das nur Handwerk ist, Unwägbarkeiten eher hingenommen werden, gehört es zur Kunst, sie eigens zu reflektieren und produktiv zu machen, so dass die Herstellung eines Kunstwerks niemals nur die Sache des Künstlers und seiner Absichten ist. Zur Kunst gehört es einzubeziehen, was nicht gewollt und getan wird, sondern geschieht – meist nicht zufällig, sondern durch künstlerische ‚Strategien der Unwillkürlichkeit' ermöglicht.

Das gilt auch, wenn die Gefäße eingefärbt, beschichtet oder glasiert werden und so der Ofen weniger Einfluss darauf hat, wie die Gefäßoberflächen aussehen. Will ein Künstler es auch in diesem Fall nicht auf Vollkommenheit anlegen, kann er sich die Eigenheit der Engoben und Glasuren, die im Handwerk meist selbstverständlich ist, künstlerisch zunutze machen. So ist die aus der koreanischen Keramik übernommene, auf Japanisch ‚*Kohiki*' genannte Technik im Handwerk nichts weiter als die Einfärbung eines ungebrannten Gefäßes aus dunklem Ton mit einer weißen Engobe, die, wenn das Gefäß noch nicht getrocknet ist, unregelmäßig auf dem Ton haftet. Wie man an zwei Sakebechern *(Guinomi)* von Kai Tsujimura sieht, kann daraus in der keramischen Kunst ein Oberflächenspiel werden, bei dem die Gefäßwand durch die unregelmäßig, stellenweise transparent aufgetragene Engobe Tiefe bekommt und sich die Auftragsspuren mit dem durchscheinenden Ton zu einer ebenso unscheinbaren wie intensiven Erscheinung ergänzen. Die Oberfläche von Kai Tsujimuras Sakebechern betrachtend, könnte man an die Skulpturen Cy Twomblys denken, bei denen die Kartons, Stäbe und Holzteile aus denen sie gemacht sind, sich unter dem Weiß ihrer Übermalung in ein Erscheinungsding verwandeln. Doch bei den *Kohiki*-Gefäßen Tsujimuras verschwinden die Gefäße nicht unter dem Weiß, sondern das Weiß gehört zu den Gefäßen. In ihrer unregelmäßigen Dichte und Transparenz gibt es viel zu entdecken, selbst wenn die Gefäße so klein und unauffällig wie die beiden *Guinomi* sind.

Ein weiteres Beispiel für die künstlerische Modifizierung des Handwerks sind die halbkreisförmigen Glasuraussparungen am Boden von Teeschalen, auch von Tee- und Sakebechern der Seto- und Mino-Keramik, die mit schwarzer Seto-Glasur *(Setoguro)* oder mit Shino glasiert sind. Meist sind es drei, gelegentlich auch vier, und zwar immer zwei oder drei davon auf einer Seite der Schale und die dritte oder vierte gegenüber. Diese Aussparungen entstehen dadurch, dass eine Schale mit zwei oder drei Fingern und dem Daumen gehalten und in die Glasur getaucht wird. Ästhetisch, also im Hinblick auf die Erscheinungsintensität einer Schale, sind die Aussparungen jedoch keine Beeinträchtigung einer sonst makellosen Oberfläche. Sie öffnen die Oberfläche und lassen den unglasierten Ton des Fußes auch an der Schalenwand sichtbar sein. Wenn eine Schale nicht vollständig glasiert ist, wird der Ton zusammen mit der Glasur, unter der er sonst verschwände, zum Erscheinen gebracht. Erscheint umgekehrt die Glasur zusammen mit dem unglasierten Ton, so zeigt sich, wie sie den Ton bedeckt und auch verdeckt. Die Gefäßwand wird bei aller Geschlossenheit ‚transparent'. Sie wird raumhaft, indem sie Tiefe bekommt, und derart als Außenseite des Gefäßinnenraums sichtbar.

Eine ähnliche Wirkung ergibt sich daraus, dass eine Glasur, wenn sie eher cremig und dick aufgetragen ist, beim Brennen auf der Gefäßoberfläche schrumpft und so den rohen Ton sichtbar werden lässt. Wie an den Setoguro-Teeschalen von Kazu und Hiroshi Yamada, Vater und Sohn, zu sehen ist, kann die Glasur dabei erdige, vielleicht an Lavaströme erinnernde Texturen bilden. Beide Künstler verstärken den Kontrast von rohem Ton und Glasur, indem sie große Teile der Oberfläche, die außerdem noch mit einer Art Kamm bearbeitet sind, beim Glasieren aussparen. So wirken die Gefäße wie unterbrochen – als ob sie ihre dinghafte Geschlossenheit aufgegeben und ihren Innenraum dem Raum, der sie erscheinen lässt, geöffnet hätten.

Setoguro wird nur dann tiefschwarz, wenn die Gefäße, wie auch die schwarzen Raku-Schalen, glühend mit einer Zange aus dem Ofen gezogen werden – dieses ‚aus dem Ofen gezogene Schwarz' heißt auf Japanisch *Hikidashi-Guro* – und an der Luft abkühlen. Lässt man die Gefäße, wie andere auch, allmählich im Ofen abkühlen, lagert sich meist hauchfeine Asche auf der Glasur ab, die das Schwarz an den Ablagerungsstellen mehr oder weniger stark in Blau- oder Brauntönen einfärbt. Das gibt der sonst gleichmäßigen Glasurfarbe eine sehr zurückhaltende Unregelmäßigkeit.

Die Textur der Oberfläche ist bei Shino, einer Feldspat-Glasur, noch ausgeprägter als bei Setoguro. Während Setoguro als eine Antwort der Seto- und Mino-Keramiker auf die schwarzen, in ihrer Nicht-Farbe unscheinbar erscheinenden Chôjirô-Schalen verstanden werden darf, ergeben sich mit der Shino-Glasur lebhafte, erscheinungsstarke Oberflächen, die ebenso wie Oberflächen, die durch Ascheanflug entstehen, niemals genau zu planen sind. Shino-Glasur kann zwar auch ‚reinweiß' verwendet werden, aber meist wird sie auf eine mehr oder weniger gleichmäßig verteilte oder auch nur in Linien und Figuren aufgemalte rötliche, stark eisenhaltige Engobe aufgetragen. Je nachdem, wie dick die Glasur ist, und je nach der Art des Brandes scheint die Engobe mehr oder weniger stark durch die weiße Oberfläche durch oder verbindet sich mit ihr zu Rot-, Braun- oder auch Grautönen. Bei dickflüssiger Glasur bilden sich oft Schrumpfrisse und, durch Gase, die beim Brennen nach außen treten, stecknadelkopfgroße Poren. Wie zum Beispiel die Shino-Teeschalen von Kazu und Hiroshi Yamada oder von Ryotaro Katô zeigen, entstehen so Oberflächen von außerordentlicher Vielfalt, oft kräftig in ihren Farben, aber niemals bunt, gebrochene, manchmal ins Grau und Violett spielende Rottöne, von dunklen Rissen akzentuiert, Gebilde wie schwere Tropfen mit Lichtern aus dem Weißanteil der Glasur, cremiges Weiß wie schmelzend auf einer rötlichen Orangenhaut, oder so, dass auf der weißen Oberfläche hell- und dunkelrote Zeichnungen durchscheinen und an gerissenen und ausgesparten Stellen direkt zum Vorschein kommen.

Wie differenziert und reich die Oberflächen der Gefäßkunstwerke aus Bizen, Iga, Mino und ebenso aus anderen Keramik-Orten wie Shigaraki, Hagi und Karatsu auch sein mögen – sie sagen nichts und geben nichts zu verstehen, so dass es so gut wie unmöglich ist, die Gefäße expressiv oder mit Bedeutung aufzuladen. Die Gefäße zeigen nichts, sondern zeigen sich selbst als Gefäße, als Raumdinge, deren Innenraum sich in der Unregelmäßigkeit der Gefäßwände abbildet, als halte er die Wände, die seine Begrenztheit sind, beweglich. Die Gefäße können einfach Gefäße sein, weil ihre Schönheit aus den vorgegebenen Möglichkeiten des Handwerks entsteht und der Ton, die Glasuren und der Ofen einen viel zu großen Anteil an ihr haben, als dass sich mit ihr ein ‚Kunstwille' manifestieren könnte. Zwar werden die Gefäße nicht ‚geboren', wie Yanagi es von den *Ido*-Schalen sagt, aber sie werden auch nicht einfach ‚gemacht'. Sie *entstehen,* so dass ihnen allein schon deshalb keine Ausdrucks- und Bedeutungsintention zugeschrieben werden kann. Weil die Gefäße derart leer von Ausdruck und Bedeutung sind, können sie von jener intensiven Gegenständlichkeit sein, die schöne Dinge und eben auch schöne Raumdinge auszeichnet. Sie können einfach sein – einfach sie selbst, bei aller Erscheinungskraft schlicht, ohne Prätention und aufgesetzte Effekte. Auch ihre Unregelmäßigkeit ergibt sich vor allem daraus, dass sie entstehen, indem ein Künstler sich auf die Bedingungen ihrer Entstehung einlässt – auf den Ton, auf die Glasur, auf den Ofen –und darauf achtet, was diese Bedingungen zu einem Werk beitragen. Formen, die ‚gewollt' sind, wird es kaum geben, wenn eine Form nicht im Voraus entworfen und dann nach ihrem Entwurf ausgeführt wird, sondern in den Händen eines Künstlers entsteht, im Wechsel von Anschauen und Gestalten, solange, bis dieses eine, besondere Stück ‚schön ist'. Die Unscheinbarkeit im Erscheinen, die für die Schönheit von Gefäßen wie den beschriebenen wesentlich ist, liegt auch in der Zurückhaltung ihres Erscheinens – in den nie auftrumpfenden Farben des Tons, in den Moos- und Glastönen des Iga-Grüns, im Schwarz oder im matten, immer gebrochenen Weiß und Rot der Shino-Glasur. Das ‚Material' der Gefäße lässt anderes nicht zu – und selbst die farblichen Akzentuierungen von Kei Tanimotos bemalten Vasen sind von den zurückhaltenden Tonfarben grundiert.

Gefäße wie die beschriebenen müssen nicht zurückhaltend ‚gemacht' werden. Dass sie im Erscheinen auch unscheinbar sind, liegt an den handwerklichen Bedingungen, unter denen sie entstehen. Ohne dass diese verstanden und geachtet werden, wird das Handwerk nicht zur Kunst.

Die eigentümliche Schönheit der Gefäße aus Bizen, Tamba und Echizen, aus Shigaraki und Iga, Mino und Seto, Hagi und Karatsu, aus der Raku-Werkstatt in Kyoto mag nicht jeden ansprechen. Aber welche Schönheit tut das schon, und dadurch, dass ein Werk nicht allen gefällt, hört es nicht auf, schön zu sein. Auch sieht man ein Werk in seiner Schönheit oft nicht auf den ersten Blick; es braucht Geduld, auch Übung und die Bereitschaft, sich auf das zu Erfahrende einzulassen. Ist man jedoch entsprechend disponiert, wird man sich der Schönheit von Gefäßen, wie sie beschrieben wurden, nur schwer entziehen können. Diese Schönheit überwältigt nicht; sie ist, auch wenn die Gefäße starke Erscheinungen sind, eine stille Schönheit. Doch je länger man sie erfährt, desto intensiver wirkt sie – das war mir bald klar, nachdem ich erste Erfahrungen mit ihr gemacht hatte und ihren Anblick nicht wieder vergaß.

Ähnlich muss es schon gewesen sein, als die ersten alten Gefäße aus Japan nach Europa kamen und ausgestellt wurden. Offenbar fand man sie bei aller Ungewöhnlichkeit schön und war so angesprochen, dass man sie nicht nur betrachten wollte, sondern versuchte, den Eindruck, den man gewonnen hatte, umzusetzen und etwas Ähnliches zu machen. Wie sich der vor allem durch die Pariser Weltausstellungen von 1867 und 1878 initiierte ‚Japonismus' in der Keramik auswirkte, ist zum Beispiel an Gefäßen von Henri de Vallombreuse zu sehen, die im *Musée d'Orsay* in Paris ausgestellt sind. Bei diesen Schalen, um 1910 entstanden, ist ein Ascheanflug in der Art der Iga-Keramik durch geschüttete Glasur imitiert. Sogar eine Reparatur mit Goldlack *(Kintsugi)*, wie sie bei wertvollen Stücken, wenn sie beschädigt wurden, üblich ist und deren Wert sogar noch steigert, ist an der Lippe einer Schale mit gelber Glasur nachgemacht worden. Daran sieht man, dass der Hersteller dieser Schalen nur an ihrem Aussehen orientiert war. Für das Handwerk, dem die Vorbilder seiner Gefäße zu verdanken sind, hatte er offenbar keinen Sinn.

Doch es war nur eine Frage der Zeit, bis sich bei ‚westlichen' Keramikern ein solcher Sinn für das Handwerkliche der Gefäße entwickelte und sie am Handwerklichen Maß nehmen konnten. Die britische *Arts and Crafts*-Bewegung hatte dem gut vorgearbeitet, indem sie, als Reaktion auf den viktorianischen Historismus und ebenso auf die industrielle Revolution, schon in der zweiten Hälfte des neunzehnten Jahrhunderts das Handwerk rehabilitierte und, mit deutlich technik- und industriekritischen Tönen, seiner Einschätzung als Anachronismus entgegentrat. Diese programmatische Hochschätzung des Handwerks wirkte nicht zuletzt über Bernard Leach nach Japan, der zusammen mit seinem Freund Yanagi die Schriften von William Morris las, der zentralen Figur der *Arts and Crafts*-Bewegung. Yanagis programmatisches Engagement für die Volkskunst *(Mingei)* ist gewiss nicht allein, aber doch wesentlich durch diese Lektüre motiviert.

Leach wirkte jedoch nicht nur west-östlich, sondern ebenso ost-westlich. Im Jahr 1920 kehrte er aus Japan nach England zurück und gründete, unterstützt von Shôji Hamada, der ihn nach England begleitete und bis 1924 blieb, in St Ives in Cornwall die *Leach Pottery,* die zum Vorbild späterer künstlerisch orientierter Keramikwerkstätten in Europa und den USA wurde. Mit *A Potter's Book,* 1940 veröffentlicht, hat Leach das Standardwerk moderner Studiokeramik geschrieben und vor allem mit dem Kapitel *Towards a Standard* die japanische Gefäßästhetik, wie er sie verstand, als Maßstab etabliert, ohne dabei nur an Gefäße zu denken, die ‚irgendwie japanisch' aussehen. Nicht darauf, sondern auf deren aus dem Handwerk kommende Schönheit, die *„nobleness of poverty"*, wie er es mit Yanagi nennt, kommt es ihm an.

Die Neuentdeckung des Handwerks, wie sie von *Arts and Crafts* betrieben und propagiert wurde, hat, wie schon angedeutet, eine problematische Seite, sofern sie mit einer pauschalen, nicht selten kulturpessimistisch getönten Ablehnung alles Technischen einhergeht – auch Leach und Yanagi sind davon nicht frei. Entsprechend besteht das Unbehagen gegenüber dem ‚Kunsthandwerk' und dem ‚Kunstgewerbe' immer dann zu Recht, wenn es, wie bei Edmund de Waals kritischer Auseinandersetzung mit Leach, Anstoß an lebensreformerisch getönter Modernefeindlichkeit und nostalgischem Traditionalismus nimmt.

Andererseits ist die Studiokeramik nicht auf Technik- und Modernefeindlichkeit festgelegt; sie muss nicht resigniert oder trotzig auf ihrem ‚alternativen' Charakter beharren. Es gibt eine andere Möglichkeit, nämlich die im Handwerk der Gefäßkeramik selbst liegende Möglichkeit der Kunst. Diese bestimmt sich weder im Gegensatz zur modernen Technik noch ist sie in ihrer Möglichkeit an diese gebunden. Sie ist schlicht etwas anderes und kann deshalb in Zeiten des Handwerks wie in Zeiten der Technik einfach dasselbe sein – das, was sie ist, nämlich Kunst. Es war wohl nicht zuletzt die von Gropius im *Bauhaus-Manifest* artikulierte Einsicht in das Kunstpotential des Handwerks, die das produktive Nebeneinander von Handwerk und maschineller Produktion im *Bauhaus* ermöglicht hat. Sofern das Handwerk in sich die Möglichkeit der Kunst hat, muss es sich nicht gegen die Maschine behaupten.

Die dem Handwerk immanente Möglichkeit der Kunst gibt auch einen Maßstab dafür zu entscheiden, ob Werke, die der japanischen Gefäßkunst verpflichtet sind, deren Anspruch genügen – ob sie Adaptionen, Imitationen oder Anmutungen von etwas wie auch immer ‚Japanischem' sind oder Kunst, und zwar Kunst, die aus dem Handwerk kommt und handwerklich bleibt, indem sie dessen Möglichkeiten künstlerisch entwickelt. Ein Gefäß kann noch so ‚japanisch' aussehen – wenn es dem genannten Anspruch nicht genügt, ist es nicht, was es ist, sondern prätendiert nur, etwas zu sein. Was hingegen Kunst im Sinne japanischer Gefäßkunst ist, muss nicht so aussehen, und schon gar nicht auf den ersten Blick.

So käme man bei der Betrachtung einer kleinen, sehr anmutigen Schale von konischer, ganz leicht geschwungener Form, mit spiralförmiger Zeichnung in einer braunen, grünlich auslaufenden Glasur auf mattweißem Grund nicht unbedingt auf den Gedanken, dieses Gefäß könnte aus Japan sein. Das wäre auch richtig, denn es ist in England, genauer in London entstanden. Gemacht hat es die aus Österreich stammende, von dort 1938 nach London geflohene und in England zu hohem Ansehen und internationalem Ruhm gekommene Künstlerin Lucie Rie. Obwohl die Schale also nicht ‚orientalisch' ist, hat ihr das *Museum of Oriental Ceramics* in Osaka eine Art Schatzkammer eingeräumt, eine eigene, in die Wand des Foyers im ersten Stock eingelassene Vitrine, in der sie ganz allein steht, in etwas zu hellem Licht, das unter ihr einen harten Schatten wirft, ein wenig so, als sei ihr Platz hinter dem dicken Glas, das mit der Marmorwand bündig abschließt, viel zu aufwändig. So wie die Schale erscheint, einfach, unregelmäßig und im Erscheinen selbst unscheinbar, braucht sie dergleichen nicht, aber sie ist in der Schatzkammer auch keineswegs deplatziert. Sie ist einfach sie selbst, wie die anderen Werke Lucie Ries auch. Das wird es gewesen sein, was diese Werke in Japan große Aufmerksamkeit und Hochschätzung finden ließ. Von einer großen Ausstellung im Jahr 1989, *Issey Miyake Meets Lucie Rie,* in der *Sogetsu Gallery* in Tokyo und dann im *Museum of Oriental Ceramcics* in Osaka, von Issey Miyake kuratiert und von

Tadao Ando ausstellungsarchitektonisch eingerichtet, ist die Schale im Museum geblieben.

Aber es gibt auch Gefäße, die nicht aus Japan sind und dennoch japanisch aussehen. Bei den Gefäßen von Jan Kollwitz ist das so, weil sie japanische Gefäße *sind.* Zwar sind sie in Cismar an der Ostsee entstanden, aus Westerwälder Ton, doch in einem *Anagama* gebrannt, der von einem japanischen Ofenbaumeister errichtet wurde, gedreht oder gebaut von jemandem, der in Echizen zwei Jahre lang in die Lehre ging, obwohl er es als Schüler von Horst Kerstan in Kandern schon zum Gesellen gebracht hatte. Bei Kerstan, einem vielseitigen und zugleich formsicheren, alle traditionellen Glasurtechniken beherrschenden Künstler, der als erster in Deutschland einen *Anagama* gebaut und in diesem schöne, an Bizen-Keramik erinnernde Gefäße gebrannt hat, konnte Jan Kollwitz auch seine ersten Erfahrungen mit japanischer Keramik machen. Kerstan hatte von seinen Japanreisen etliche Meisterstücke mitgebracht, die er gern auch zusammen mit seinen Schülern betrachtete.

Doch Kollwitz macht keine japanisch inspirierte, sondern japanische Keramik – man sieht es, wenn man seine Gefäße anschaut, und es ist schwer zu bezweifeln. Würde der Werkstattort in Norddeutschland dagegen sprechen, hätte Shôji Hamada während seiner Zeit in St Ives auch keine japanischen Gefäße gemacht, genauso wenig wie Shirô Tsujimura während eines Aufenthaltes in Devon. Auch in Japan arbeiten Künstler nicht immer an dem Ort, dessen Keramik-Tradition sie verpflichtet sind. Kazu und Hiroshi Yamada stellen ihre Shino-, Seto- und Oribe-Gefäße in Echizen her, Shirô Tsujimura arbeitet in der Nähe von Nara, das überhaupt kein traditioneller Keramik-Ort ist, und die Shino- und Oribe-Gefäße von Ken Matsuzaki entstehen in Mashiko, das als Arbeitsort Shôji Hamadas, seines Sohnes Shinsaku und seines Enkels Tomoo für die ‚Volkskunst'-Keramik *(Mingei)* steht. Doch ausschlaggebend ist allein, ob die handwerklichen Bedingungen für eine bestimmte Art der Keramik erfüllt sind. Wenn die Bedingungen für Mino-Keramik auch in Echizen erfüllt sein können, gibt es keinen Grund, Mino-Keramik nicht dort oder anderswo herzustellen.

Auch der Einwand, Jan Kollwitz sei kein Japaner und könne deshalb keine japanische Keramik machen, ist leicht zu entkräften. Wäre das Herkunftsland eines Künstlers für seine Kunst maßgebend, müsste man Masaaki Suzuki, dem Leiter des *Bach Collegium Japan,* unabhängig von seinen künstlerischen Leistungen absprechen, dass er die Musik von Bach angemessen dirigieren könne. Hat man je eine von Suzuki dirigierte Aufnahme gehört, so weiß man, dass ein solcher Vorbehalt Unsinn ist. Schaut man Gefäße von Jan Kollwitz mit unbefangenem Blick an, weiß man das auch.

Dabei ist es keineswegs so, dass Kollwitz seinen besonderen Weg zur japanischen Keramik verdrängen oder leugnen würde. Er weiß, dass er nicht als Sohn eines Meisters wie Kosei Tanimoto oder Tôkurô Katô zur Welt gekommen ist, und, kaum dass er seine Umgebung wahrnahm, Iga-Vasen oder Setoguro-Teeschalen vor Augen hatte. Dass der Blick von Kollwitz auf solche Gefäße nicht selbstverständlich, sondern außerordentlich bewusst war, zeigen seine Werke sehr deutlich. Sie sind nach allen Regeln – und Unregelmäßigkeiten – der Handwerkskunst gemacht, wie Kollwitz sie in Echizen bei Yukata Nakamura erlernt hat, und doch sehr besonders: Es ist, als sollten sie die Reinform eines Gefäßes verkörpern. Eine Iga-Vase von Kollwitz ist wie die Essenz einer Iga-Vase; sie ist keine Variation und neue Realisierung eines Typs, sondern je individuell dieser Typ selbst, die Iga-Vase auf das Wesentliche reduziert – auf den konisch aufsteigenden Gefäßkörper, den kräftigen Hals, einen vom Hals noch einmal deutlich abgesetzten Rand und die beiden am Hals angebrachten sehr kleinen Henkelformen, die ‚Ohren' *(Mimi)*. Kollwitz, so kann man, seine Iga-Vasen betrachtend, denken, hat sich bei der keramischen Arbeit die Quintessenz einer Iga-Vase klarmachen wollen. So hat er die Iga-Vase ganz neu gesehen und – gegenüber den oft exzentrischen Gestaltungen der Iga-Keramik – versachlicht, vielleicht angeregt durch die betont sachliche Keramik aus dem *Bauhaus* oder von Jan Bontjes van Beek, die er bewundert, und dabei mit reichen, lebendigen Oberflächen, die nur entstehen können, wenn ein Künstler die Eigenheiten des Tons und seines Ofens kennt.

Reduziert und ‚essentiell' ist auch ein *Chawan* von Kollwitz in schwarzer Seto-Glasur – die Gefäßwand fast zylindrisch gerade, der Rand nur ganz wenig gewellt und das Gefäß so glatt mit einer dickflüssigen Glasur überzogen, dass die Fingerspuren oberhalb des Bodens besonders markant hervortreten. Man muss die Gefäße von Kollwitz nur mit Gefäßen desselben Typs vergleichen, die von anderen Künstlern stammen, um zu sehen, wie entschieden sie auf eine Grundform reduziert sind – zum Beispiel seine Iga-Vase mit einer auf beinah skurrile Weise anthropomorphen Vase von Kazu Yamada, die eine enge Verwandte von Yamadas kleinen Tonskulpturen ist, oder seinen *Chawan* mit einer Setoguro-Teeschale von

Hiroshi Yamada – hier eine in sich geschlossene samtglatte Innenraumoberfläche, die sich vom unglasierten Fuß abhebt und allein durch die markanten Fingerspuren gezeichnet ist, dort eine bucklige an vielen Stellen aufgerissene Glasur, die den rohen Ton durchscheinen lässt und das Gefäß fragmentiert, als solle die Gefäßwand sich öffnen.

Doch es wäre verfehlt anzunehmen, Gefäße, wie Kollwitz sie macht, könne – oder müsse – nur jemand machen, dem die japanische Keramik ‚eigentlich fremd' sei. Ein japanischer Meister könnte Vergleichbares tun, vorausgesetzt, dass er ähnlich wie Kollwitz an der Grundform von Gefäßen interessiert wäre – vielleicht angeregt durch die Keramik der Song-Zeit oder auch durch die Keramik des *Bauhauses,* das seit den zwanziger Jahren des letzten Jahrhunderts in Japan präsent ist. Dass Kollwitz dieses Interesse wahrscheinlich aufgrund seiner ‚von außen' kommenden Annäherung an die japanische Keramik hat, heißt außerdem nicht, jeder Zugang ‚von außen' müsse zu solchen Gefäßen führen. Ein Künstler mit vergleichbarem Zugang kann ganz andere, in keiner Weise reduzierte Gefäße machen. Der Zugang ‚von außen' legt auf keine bestimmte künstlerische Sicht fest.

Das zeigen die Teeschalen von Phil Sims, der, wie erwähnt, gelernter Keramiker ist, und auch, nachdem er sich auf die Malerei konzentrierte, die Keramik nicht aufgab. Neben keramischen Skulpturen hat er Teeschalen gemacht, Gefäße mit klar erkennbaren Merkmalen der Iga-Keramik – mit glasgrünen Verläufen und Pfützen flüssig gewordener Asche, mit Rissen in der Gefäßwand. Nur sind die Risse bei den Schalen von Sims so breit und tief, dass sie den Gebrauch der Schalen erschweren, wenn nicht unmöglich machen. Würde man in einer solchen Schale *Matcha* schaumig schlagen wollen, würde der Tee wahrscheinlich durch die Risse nach außen treten. So weit gingen selbst die Meister der Oribe-Zeit bei ihren exzentrischen Gestaltungen nicht.

Dass die Schalen derart schlecht oder gar nicht zu benutzen sind, ist sicherlich kein Zufall; offenbar sollen sie nicht benutzt werden. Sims hat sie mit ihren breit aufklaffenden Rissen aus der Brauchbarkeit in die reine Betrachtbarkeit versetzt und damit zu Teeschalenskulpturen gemacht, die an die Brauchbarkeit von Teeschalen erinnern und diese zugleich dementieren. Bei der Betrachtung dieser Nicht-Teeschalen mag man auch an Aquarelle von Sims denken, die die *Chawan*-Form aufnehmen, indem sie den Gefäßinnenraum einer Teeschale als

Farbfläche gestalten. Während in diesen Aquarellen das Gefäß zum Bild wird, hält die Teeschalenskulptur zwischen Bild und Gefäß die Mitte.

Man könnte Sims' Transformation der Teeschale in eine Teeschalenskulptur für die typische Geste eines am traditionell ,westlichen' Kunstwerkekanon orientierten Künstlers halten, der eine Gefäßform seinem Kunstverständnis kommensurabel macht. Damit würde man jedoch verkennen, dass Sims zwar vor allem Maler, doch ebenso Keramiker ist. Man sieht seinen Gefäßen an, dass er sein Handwerk beherrscht und Teeschalen gestalten und brennen kann, die typische Iga-Teeschalen sind – mit markanten Verlaufsspuren auf den Gefäßwänden und zu grünem Glas verflüssigter Asche auf dem Schalenboden. Weil Sims' zu Skulpturen verwandelte Werke der Gefäßkunst handwerklich gelungen sind, können sie auch als Kunstwerke überzeugen.

Gefäßverwandlungen, wie Sims sie betreibt, gehören außerdem zur Kunst, weil Kunstwerke wie Teeschalen immer auch Gegenstände der Betrachtung sind. Die Erkundung ihrer skulpturalen Seite – oder vorsichtiger: ihrer mehr oder weniger offensichtlichen Verwandtschaft mit der Skulptur – ist deshalb keinem auf Skulptur und Malerei festgelegten Kunstverständnis zuzuordnen und erst recht keinem ,westlichen'. Auch japanische Meister der Gefäßkeramik können die Möglichkeiten der skulpturalen Verwandlung erkunden – man denke an Tomoo Hamadas ungewöhnliche Vasen oder an Kei Tanimotos Vasen kurz vor der Verwandlung zur Skulptur, an seine skulpturalen Formen, die ihre Herkunft aus der Vase klar zu erkennen geben und doch keine Vasen mehr sind. Kazu Yamada hat Teeschalen gemacht, deren Ränder sich in Formen auflösen, die wie unruhige Flammen aus Shino-Glasur sind. Sie irritieren wie die Schalen von Sims, denn es ist zumindest im ersten Moment unklar, wie man aus ihnen trinken sollte. Aber sie bleiben Gefäße, Teeschalen, und werden so als Raumdinge oder Dingräume evident.

Young-Jae Lee ist einen ganz anderen Weg gegangen. Ihre Gefäße sind eindeutig Gefäße, Grundformen wie diejenigen von Jan Kollwitz, doch weniger auf die Vorgaben besonderer Keramik-Orte festgelegt. Es sind Vasen, vor allem solche, die sie selbst ,Spindelvasen' und ,Zylindervasen' nennt, und Schalen, deren Größe und Form variiert – von flachen, im Durchmesser über fünfzig Zentimeter großen Gefäßen bis zu kleinen, rund sich schließenden und spitz sich öffnenden Schalen, auf unterschiedlich hohem Fuß. Die Formen dieser Gefäße sind so elegant und ausgewogen, so harmonisch und still, dass man an das Ideal der Vollkommenheit denken könnte, dem die chinesische Keramik der Song-Zeit und ebenso die koreanische der Goryeo-Zeit gefolgt ist. Dann wären diese Gefäße im selben Sinne wie die alten Gefäße Kunst.

Es ist offenkundig, dass Young-Jae Lee der keramischen Tradition ihres Herkunftslandes Korea verpflichtet ist. Ihre Spindelvasen nehmen die Form eines *Hang-a-ri* genannten Vorratsgefäßes auf, das aus zwei Schalen zusammengefügt ist, wobei die obere Schalenform anstelle des Fußes eine Öffnung hat, die größer ist als der im Verhältnis zum Volumen des Gefäßes recht kleine Fuß – zwei offene Schalen schließen sich zum Innenraum einer Vase, deren Öffnung ein Schalenfuß ist. Demgegenüber lässt die Bezeichnung ‚Zylindervase' eher an die Gefäße denken, die in der Keramikwerkstatt des *Bauhauses* gemacht wurden und aus geometrischen Grundformen entwickelt sind – zum Beispiel an Marguerite Friedländers Vasen in ‚Hallescher Form', die 1931 für die *Staatliche Porzellan-Manufaktur* Berlin entworfen wurden.

Doch Young-Jae Lees Gefäße sind auf keine Tradition festzulegen und, was noch wichtiger ist, auch nicht auf das Ideal der Vollkommenheit. Die Harmonie ihrer Formen ist nicht durch eine möglichst glatte und makellose Glasur betont. Selbst Lees Seladon-Glasuren sind nicht ‚makellos'. Sie haben Craquelé, sind nicht immer gleichmäßig, und bisweilen ist die Oberfläche durch einen sanften roten Tupfer akzentuiert. Auch gibt es starke Oberflächen durch Aufglasurmalerei in einer auf Japanisch *Hakeme*, ‚Pinselspur', genannten und aus Korea stammenden Technik, spontan hingesetzte, wie kalligraphische Großaufnahmen anmutende Strukturen. Und es gibt zarte, wie Schleier wirkende Übermalungen in Weiß auf Grau, auch ebenso kräftige wie leichte Pinselpunkte und -striche – man könnte bei letzteren an ein malerisches Gegenstück zum Regen denken, der entweder ruhig fällt oder vom Wind schräg getrieben wird.

Je mehr von Young-Jae Lees Gefäßen man gesehen hat, desto mehr wird man von der Vielfalt ihrer Glasuren beeindruckt sein. Diese reichen, in unendlichen Nuancen, von dunklen Rotbraun- und Moosgrüntönen über das ganze Spektrum von Blau und Grün bis zu gebrochenem Weiß. Auch gibt es, als Referenz an die Mino-Keramik, Shino-Glasuren, bei denen der rote Eisenton dem cremigen Weiß einen Grund gibt. Auf einer Schale mit hohem Fuß wirkt die Shino-Glasur wie Schaum, auf eine große Schale ist sie geschüttet, so dass sie die Schale nicht ausfüllt, sondern als flache Welle in sie einfließt. In Young-Jae Lees Gefäßen verbinden sich ruhige Formen mit Oberflächen von mehr oder weniger lebhafter Unregelmäßigkeit. Die Schalen öffnen sich zum Raum, der sie erscheinen lässt, die Vasen ragen in diesen hinein, und Schalen und Vasen sind gegenständlich in der matten oder glänzenden, immer tendenziell unscheinbaren Dichte ihrer Oberflächen. Wie wenige andere halten diese Gefäße die Balance zwischen Ding und Raum. Dabei sind sie ‚einfach sie selbst' und so auch ohne offensichtliche Ähnlichkeiten mit schönen Gefäßen aus Mino, Bizen oder Karatsu verbunden.

Die Kunst Young-Jae Lees kommt aus dem Handwerk – die geradezu traumwandlerische Sicherheit ihrer Formen und die ebenso virtuose wie zurückhaltende Meisterschaft ihrer Glasuren erkennt man, bei einiger Vertrautheit mit der Gefäßkunst, auf den ersten Blick. Das handwerkliche Fundament ihrer Kunst tritt außerdem in ihrem ‚Manufakturprogramm' eigens hervor. Das Programm umfasst Teller, Platten, Schalen, Becher, Tassen, Krüge und Kannen – Gefäße, die in ihren Formen und Glasuren von Young-Jae Lee entworfen, aber nicht gemacht wurden und ihren Meisterstücken nicht unähnlich sind. Anders als die Meisterstücke sind sie jedoch in ihren Formen und Glasuren genormt. Es gibt sechs Farbtöne, die zueinander passen und so beim Gebrauch des Geschirrs beliebig miteinander kombiniert werden können.

An den Gefäßen des Manufakturprogramms und den Meisterstücken bestätigt sich aufs Neue, dass zwischen Handwerk und Kunst keine strikte Grenze verläuft. Man sieht dem Gebrauchsgeschirr des Manufakturprogramms das Potential der Kunst an – es braucht nur einen kleinen Schritt, damit die Manufakturgefäße mit ihren trotz der Normierung leicht voneinander abweichenden Glasuren ganz und gar zu Individuen werden, zu unverwechselbaren, aber mit ihrer Unverwechselbarkeit niemals auftrumpfenden Kunstwerken, die nicht einfach gemacht, sondern im Machen und Lassen entstanden sind. Sieht man die Meisterstücke zu vielen, etwa bei einer von Lees Installationen, deren größte, *1111 Schalen,* 2006 in der Pinakothek der Moderne in München zu sehen war, so erfährt man beglückt die unendliche Vielfalt des Individuellen, das immer die je besondere Möglichkeit einfacher Grundformen ist.

Während die Meisterstücke Young-Jae Lees auf der Töpferscheibe entstehen, in der gelassenen Aufmerksamkeit eines in langer Übung sicher gewordenen Tuns, das ‚nichts will', sondern ein Gefäß in seine ihm ganz eigene Offenheit einschwingen lässt, sind die Porzellangefäße Sonja Duò-Meyers aufgebaut, nicht weniger sicher und sehr bedachtsam, ohne Vorgabe einer bestimmten Form, so, als hätte die Künstlerin ihren Gefäßen beim langsamen Entstehen zuschauen und sie so immer wieder aufs Neue als Gefäße verstehen wollen. Duò-Meyer bildet ihre Gefäße, die roh weiß oder mit Engobe geschwärzt, seltener rot bemalt sind, aus Porzellanschnüren, indem sie diese schneckenförmig übereinanderlegt, Schnurlage um Schnurlage, und die Wände der so entstehenden Gefäße glättet, ohne dass sie dabei spurlos glatt würden. Derart in den Raum gebaut, steigen die Gefäße leicht ungerade auf, als ob sie wüchsen, und nach oben hin scheinen etliche von ihnen keine natürliche Begrenzung zu kennen. Bei diesen sieht es so aus, als könne die Schnecke aus Porzellanschnur immer weiter gedreht werden, so dass eine kegelförmige Schale nach einem markanten Absatz als Zylinder nach oben und weiter nach oben strebt, ein expandierender Gefäßinnenraum, wobei der Zylinder auf der Schale ein wenig lasten kann und das aufragende Gefäß gewichtig auf seinem schmalen Fuß stehen lässt. So gibt es Zwischenformen, konische Schalen, die beinah schon Vasen sind, nach oben wachsend und doch in der richtigen Höhe angehalten in der Aufwärtsbewegung, so dass sie ihre stimmige Form gefunden haben. Auch gibt es sehr große Schichtungen aus passgenau ineinander gestellten Gefäßen, aufstrebend wie Brancusis *Unendliche Säule*, doch so, dass ein Gefäß allein auf den Schultern eines anderen in die Höhe gekommen ist.

Duò-Meyers Gefäße mit ihren unglasierten, von Arbeitsspuren fein gezeichneten Porzellanoberflächen, die Licht und Schatten in jeder Nuance aufnehmen, mattweiß oder mit mattschwarzer, nicht immer gleichmäßig aufgetragener Engobe, wirken, obwohl sie fertig sind, ein wenig unfertig – als sei ihnen ein vollkommener Zustand vorenthalten worden – Porzellan von rohem, ungeglättetem Weiß oder Schwarz wie Chôjirôs Schalen, diesen verwandt, ohne sie im Geringsten zu imitieren. In ihren Nichtfarben Schwarz und Weiß sind sie außerdem wie aus der farbigen Welt herausgeschnitten und erscheinen, als ob sie zu dem, was selbstverständlich und vertraut ist, nicht dazugehörten. Es sind Gefäße von eigener und eigensinniger Ordnung. Sie sind ganz ins Einfache zurückgenommen und dabei in ihrer Unregelmäßigkeit vielfältige, starke Erscheinungen, die in ihren Nichtfarben den Grundzug der Unscheinbarkeit haben – primordiale Gefäße, an denen man, als sei es zum ersten Mal, erfahren kann, was und wie Gefäße sind.

Das Gewicht der Dinge

Um Gewicht zu haben, müssen Dinge nicht schwer sein. Es reicht, dass sie wichtig sind, also, wie man vielleicht sagen möchte: ‚von Bedeutung'. Doch Gewicht haben Dinge auch und vielleicht gerade dann, wenn sie nichts bedeuten. Ihre Wichtigkeit besteht in ihrem Eigengewicht, nicht darin, dass sie brauchbar sind oder Zeichen für etwas, auch nicht in ihrem Wert, ihrer Kostbarkeit oder darin, dass sie mit persönlichen Erinnerungen verknüpft sind. Etwas kann seine Bedeutung oder seinen Wert verlieren, seine Geschichte kann vergessen werden. Doch ein Ding übersteht das, es ist trotzdem noch da.

Dieses Eigengewicht der Dinge und, sofern sie Dinge sind, auch der Gefäße mag besonders deutlich werden, wenn sie nicht in ihre Umgebung passen, vor allem dann, wenn sie nicht nur ‚fehl am Platz' sind und so vielleicht stören. Die Deplatzierung kann beabsichtigt sein, und dann zeigt sie möglicherweise die Dinge in ihrem Gewicht. Frühere Installationen von Edmund de Waal sind ein gutes Beispiel dafür. In ihnen sind Gefäße so platziert, dass sie auffallen oder sogar befremden, doch vielleicht auch zur Betrachtung anregen und zum Nachdenken darüber, was diese in ihrer Umgebung so ungewohnt erscheinenden Dinge eigentlich sind. Die Photographien von Hélène Binet geben den längst wieder abgebauten Installationen eine neue, nun bildhafte Erscheinung.

In einer Installation aus dem Jahr 2007, die den Titel *A Reading Silence* trägt, stehen schlanke, sehr gerade und weich konturierte Vasen ohne Fuß, Gefäße wie überlange Becher, in gebrochenem Weiß oder sehr hellem Blau glasiert, dicht an dicht in einem Bücherregal in *Kettle's Yard,* dem ehemaligen Wohnhaus des Kunstsammlerehepaars Jim und Helen Ede in Cambridge in England. In ihrer vertikalen Ordnung nehmen sie die Ordnung der Bücher auf, und doch gehören sie dort, wo sie stehen, nicht hin. Während die Bücherrücken etwas versprechen, ein Porträt des ‚Propheten' John Ruskin zum Beispiel, *Poems and Ballads* von Swinburne oder auch die Möglichkeit, etwas über *Seven Years in Tibet* zu erfahren, sind die Gefäße einfach still. Sie versprechen nichts, auch nicht mit ihrer weichen Einprägung, die eher das Verstummen eines Zeichens als ein Zeichen ist. Die Gefäße zeigen nichts, anders als die opulent gestalteten Teller oben auf dem Regal – es sind Teller aus der Serie *Flora Danica* der Königlichen Porzellanmanufaktur Kopenhagen. De Waals Gefäße sind nur ihre Stille, die eine ‚Lesestille' ist, eine

Pause im Lesen. Zwischen den bedeutungsvollen, Bedeutung versprechenden Büchern sind sie bedeutungslos, und so nimmt man sie wahr, auf den ersten Blick. Stünde eine dieser Vasen auf einem Tisch, bliebe sie möglicherweise unbemerkt, weil sie dort ihre Bedeutung erweisen könnte, nämlich die, ein Gefäß für Schnittblumen zu sein, und so ‚einen Sinn hätte'. Was einen Sinn hat, indem es in seiner Bedeutung verstanden werden kann, fällt im Allgemeinen nicht in seinem Eigengewicht auf.

Aber man könnte auch versuchen, eine Vase auf dem Tisch so wie die Fremdlinge im Bücherregal von *Kettle's Yard* zu betrachten. Dann sähe man die Vase in ihrem Eigengewicht, ohne an ihrer Position etwas zu ändern. Man sähe sie, obwohl sie in ihrer Umgebung bliebe, in ihrer ästhetischen Primordialität und einfach als sie selbst. Das wäre eine ähnliche und doch ganz andere Erfahrung als die mit Morandis Gefäßbildern. Die Vase würde ja nicht ins Bild übersetzt, sie würde noch nicht einmal aus ihrer Umgebung genommen und auf einen Sockel oder in eine Vitrine gestellt, so dass sie nicht mehr als Blumenvase gebraucht, sondern nur noch betrachtet werden könnte. Sie bliebe einfach, wo sie ist, und erschiene doch anders.

Wenn es gelingt, die Vase auf dem Tisch ästhetisch zu betrachten, wird sie zwar bedeutungsleer, doch behält sie zugleich ihre Bedeutung. Sie ist nach wie vor eine Blumenvase und als solche jederzeit benutzbar. Vielleicht bleiben diese beiden Aspekte der Vase – Bedeutung und Eigengewicht – als solche diffus, so dass man sie in ihrem Verhältnis zueinander nicht versteht. Doch kann es auch sein, dass man die Vase in ihrer Bedeutung von ihrem Eigengewicht her sieht, statt ihr ästhetisches Eigenwicht zu übersehen und die wahrnehmbare Erscheinung der Vase ihrer Bedeutung unterzuordnen. Dann hätte man, vielleicht nur für einen Moment, eine *Umstellung* vollzogen – weg von der Bedeutungsdominanz und hin zum Eigengewicht der Dinge in ihrer Wahrnehmbarkeit, also eine ästhetische Umstellung.

Die ästhetische Umstellung muss kein Experiment von der Art sein, wie es gerade beschrieben wurde. Sie kann unwillkürlich eintreten, und das wird immer dann so sein, wenn man Dinge in ihrer Schönheit erfährt. Mit der Schönheit der Dinge ist ihr Eigengewicht evident; es steht gegenständlich vor Augen, und Schönheit wird oft unwillkürlich erfahren – man sucht sie nicht, sondern findet sie und kann sie finden, weil sie nicht ‚im Auge des Betrachters', sondern in den Dingen liegt. Entsprechend kommt mit den schönen Dingen immer wieder das Eigengewicht der Dinge in den Blick.

Diese Erfahrung muss nicht auf Dauer sein. Wenn sie wieder verblasst, wird man die Schönheit der Dinge auf sich beruhen lassen und die Dinge wieder allein in ihrer Bedeutung sehen, wohl nicht zuletzt, weil diese Bedeutung meist selbstverständlich und im Alltag orientierend ist. Deshalb kann sie als ‚natürlich' erscheinen, als ‚das Normale', demgegenüber das Schöne die Ausnahme ist. Entsprechend wird man auch die ästhetische Erfahrung als solche für episodisch halten. Sie unterbricht den Alltag für eine Weile, und dann kehrt man in die alltägliche, für ‚natürlich' gehaltene Einstellung zurück. So mag es naheliegen, den beiden Einstellungen, die man kennt, der alltäglichen und der ästhetischen, auch zwei Klassen von Dingen zuzuordnen. Dann gibt es die Alltagsdinge und die schönen Dinge, die Kunstwerke im emphatischen Sinn, die von den brauchbaren Dingen ganz verschieden sind und deshalb, wie man denkt, an besondere Orte gehören.

Genau diese Trennung wird von Gefäßen, die Kunstwerke und ebenso Gebrauchsdinge sind, außer Kraft gesetzt. Als Kunstwerke, die nicht ‚trotzdem', sondern ebenso Gebrauchsdinge sind, zeigen sie, dass die Trennung auf sie nicht zutrifft. Sie hören nicht auf, Kunstwerke zu sein, wenn man sie gebraucht. Entsprechend kann man sie auch im Gebrauch als Kunstwerke erfahren und müsste dabei die Bedeutung, wie man sie im Gebrauch erfährt, der Erscheinung, in der das Gebrauchte ‚einfach es selbst ist', unterstellen können. Dann wäre der Gebrauch in die Einfachheit des Schönen eingeholt. Er beeinträchtigte die Kunsterfahrung nicht, sondern wäre selbst Kunsterfahrung, die Erfahrung eines Individuellen, das ‚einfach als es selbst' da ist, statt nur ein Exemplar einer allgemeinen Möglichkeit zu sein – zum Beispiel diese eine, besondere Vase, die als solche nicht durch andere, die dieselbe Funktion hätten, ersetzt werden kann.

Ein derart ästhetischer Gebrauch entspräche den Gefäßen, die Kunstwerke sind. Eine Vase, zum Beispiel von Kei Tanimoto, soll ja als Vase gebraucht werden, ein *Chawan* ist ein schönes Ding und dafür gemacht, aus ihm *Matcha* zu trinken. Wenn dieser Gebrauch im Sinne des Kunstcharakters der Gefäße ist, müsste ihr Kunstcharakter im Gebrauch nicht zurücktreten, sondern diesen vielmehr bestimmen. Vasen und Teeschalen, die Kunstwerke sind, würden demnach die ästhetische Umstellung besonders leicht machen. Und sie würden es nahelegen, die ästhetische Umstellung nicht episodisch bleiben zu lassen, sondern zu einer den Gebrauch einschließenden ästhetischen Einstellung zu finden. In dieser Einstellung würden sie angemessen erfahren.

Doch wie ist eine solche Erfahrung genauer zu verstehen, und wie kann sie sich zu einer Einstellung ausbilden? Was ist ein ästhetisch bestimmter Gebrauch? Eine Weile, nachdem ich im Nomura-Museum gewesen war, kaufte ich in einer kleinen Galerie unterhalb der Tempelanlage *Kiyumizu-dera* eine Teeschale, kein besonders wertvolles, aber auch kein billiges Stück, in der Form eher flach, schwarz bis auf drei Stellen, an denen ein Finger oder Daumen den rohen Ton von der aufgetragenen Glasur freigewischt hatte, von unregelmäßiger, mit den Händen und mit Werkzeugen bearbeiteter Oberfläche und in der Art der Raku-Keramik gemacht, eher niedrig und kurz gebrannt und entsprechend nicht sehr hart. Das zeigt sich daran, dass die Schale nicht klingt. Wenn man an sie klopft, ist nur ein leises Klacken zu hören.

Ich wusste also, dass die Schale leicht zerbrechlich ist und dazu als Einzelstück unersetzbar, als ich sie das erste Mal benutzte. Dass sie beim Ausspülen intensiv wie frisch angefeuchteter Sand roch, fand ich deshalb beunruhigend. Trotzdem gab ich mit einem schmalen Bambuslöffel Teepulver hinein, das ich mit dem ebenfalls besorgten Bambusbesen, *Chasen,* aufschlug. Es schmeckte fast so wie der Tee, den ich vorher mehrfach in einem Teehaus in der Nähe des Tempels *Honen-in* probiert und, je öfter desto mehr, genossen hatte. Aber das war zweitrangig; es ging weniger um den Tee und seine anregende Wirkung, die ebenso stark wie angenehm ist, als um die Schale, deren schwarze Tiefe durch das leuchtende Grün des Tees noch tiefer wirkte und aus ihrer Tiefe den Tee leuchten ließ. Die Schale war leicht, viel leichter als man es bei ihrer Größe und der Dicke ihrer Wand erwarten würde. Und sie lag gut in den Händen und fühlte sich weich an, gar nicht wie gebrannter Ton. Als ich sie wieder abstellte, waren auf dem Boden zarte Verläufe des grünen Schaums zu sehen, feine Linien und Tropfengebilde auf tiefschwarzem Grund.

Schon beim noch recht unsicheren Aufschlagen des Tees hatte ich vor allem auf die Schale geachtet – darauf, sie behutsam festzuhalten und den *Chasen* nicht gegen ihre Wand zu schlagen. Erst recht, als ich sie in die Hände nahm und zum Mund führte, benutzte ich die Schale nicht zum Teetrinken, sondern trank unwillkürlich Tee um der Schale willen. Ihr galt meine ganze Aufmerksamkeit, und das blieb auch so, als ich die Schale öfter benutzte und beim Aufschlagen des Tees immer sicherer wurde. Als die Schale, vorsichtig gereinigt, wieder auf dem niedrigen Tisch stand, auf dem ich sie aufbewahrte, meinte ich, dass sie anders aussähe, nicht weniger schön, sondern in ihrer Schönheit anders – als sei sie bestätigt worden, so wie es allein durch das Betrachten nicht möglich gewesen war.

Von *Chanoyu* wusste ich damals so gut wie nichts und ich war auch nicht besonders daran interessiert, etwas davon zu erfahren. Doch bei meinen ganz informellen Teestunden bekam ich eine Ahnung davon, was es heißen kann, etwas ganz Alltägliches wie das Zubereiten und Trinken von Tee mit größter Aufmerksamkeit und Sorgfalt zu tun. Hätte ich die Erfahrung mit meiner Teeschale reflektiert, hätte mir klarwerden können, dass Aufmerksamkeit und Sorgfalt dabei ihren Grund in den Dingen haben, die schön sind. Die schönen Dinge geben vor, wie man mit ihnen umgehen soll, weil sie nicht im Gebrauch aufgehen, sondern erscheinen, so dass der Gebrauch sich an ihrer intensiven Erscheinung orientieren kann – weniger dafür, *was* man mit ihnen tut – das ist bei jeder Schale, aus der man trinkt, das Gleiche – als vielmehr dafür, *wie* man es tut.

Es ist dieses andere ‚Wie', eine andere Weise des Gebrauchs und des Umgangs, was die schönen Dinge in ihrer Schönheit bestätigt. Diese Bestätigung in der Umstellung des Tuns ist jedoch nur möglich, indem man die Dinge beachtet, und beachten kann man sie nicht, ohne dass man sie immer wieder ansieht. Deshalb sind die Umstellung und die neu gewonnene Einstellung ästhetisch. Sie sind nicht auf die Betrachtung des Schönen beschränkt, aber ohne diese nicht möglich. Nicht umsonst gehört es zum *Chanoyu*, das vom Gebrauch gereinigte Teegerät zu betrachten und sich über das Betrachtete auszutauschen. Für die Betrachtung werden die Dinge auf dunkelviolette, etwa 30 x 30 cm große Seidentücher gestellt, wie Teegerät und besonders Teeschalen auch sonst, wenn sie betrachtet werden sollen. Die Seidentücher heben die Dinge aus ihrer Umgebung heraus und markieren den Freiraum ihrer zu betrachtenden Erscheinung.

Um eine Teeschale zu betrachten, würde man sie allerdings nicht auf dem Seidentuch stehen lassen. In einem Teeraum auf dem *Tatami*-Boden kniend, würde man die Schale, die vor einem auf dem Boden steht, so kaum angemessen sehen. Man müsste sie – wie beim Gebrauch – in die Hände nehmen, um sie von allen Seiten zu sehen, und auch umdrehen, damit man ihren Fuß und Boden sieht. Der Fuß einer Schale, ebenso bestimmt wie beiläufig aus dem noch weichen Ton herausgeschnitten, vielleicht mit einer Schnecke versehen, kann ein besonderer Ausweis der Meisterschaft sein. Bei glasierten Schalen ist es wichtig, wie die Glasur um den Fuß herum verteilt ist und diesen freilässt. Gefäße mit Shino-Glasur haben außerdem oft eine besonders schöne Tonoberfläche – hell, leicht körnig und aufgeraut wie frischer und feuchter Sand. Solche Oberflächen entstehen nur, wenn man die Ofentemperatur nicht zu schnell steigert, so dass der Ton auch bei hohen Temperaturen eher trocknet als brennt.

Es sind die schönen Dinge, die genug Eigengewicht haben, um ein Tun von den Dingen her nahezulegen. So motivieren sie die ästhetische Umstellung, mit der sich ein solches Tun ergibt, und helfen, dass man in einer ästhetischen Einstellung mit dem Eigengewicht der Dinge vertraut wird und von ihm aus die Dinge anders versteht. Eine Vase zum Beispiel, die ein schönes Ding ist und ebenso ein Gefäß zum Aufstellen von Blumen, lässt darüber nachdenken, welche Blumen wohl für diese Vase die richtigen sind. Man sucht dann die Blumen von der Vase her aus, statt für Blumen, die man hat, nach einer irgendwie geeigneten Vase zu greifen. Dass man sich bei der Wahl der Blumen nach der Vase richtet, kommt auch den Blumen zugute, denn die Vase lässt sie an ihrer Erscheinung teilhaben und so erscheinen, wie sie für sich allein nicht erscheinen könnten.

Doch anders als die zu arrangierenden Blumen ist die Vase eigenständig. Sie ist auch ohne die Blumen, was sie ist – sonst würde sie sich mit jedem neuen Blumenarrangement verändern. Solche Arrangements interpretieren die Vase in ihrer Erscheinung jeweils neu, so dass man sie in dem, was sie ‚einfach als sie selbst' ist, immer wieder neu entdecken kann. Ähnlich ist es, wenn man ein sorgfältig zubereitetes Essen serviert, indem man die Speisen, wie in Japan üblich, nicht auf möglichst neutralem Geschirr, sondern auf kleineren Platten und Tellern und in Schalen anrichtet, die sehr verschieden aussehen. Die Speisen interpretieren die Platten, Teller und Gefäße und werden umgekehrt von diesen ins Erscheinen versetzt.

Warum soll man sich derart mit ansprechend gedeckten Tischen oder Blumenarrangements beschäftigen? Die Frage ist in Wahrheit eine suggerierte Antwort. Sie redet einer Banalisierung des Alltags das Wort, die am Ende nichts übrig lässt als die pure Notwendigkeit – als solle man das Leben unter Bedingungen führen, die eher Überlebensbedingungen sind. Was klingt wie der Zweifel an einem den Alltag stilisierenden Ästhetizismus, ist, genauer bedacht, die Versicherung, es lohne sich nicht, mit wachen Sinnen zu leben, sondern es sei genug, mit sich selbst oder mit diversen Bildschirmen beschäftigt zu sein und aus der Mahlzeit eine Nahrungsaufnahme zu machen. Doch wenn man auf Bildschirme schaut, ist man, zumindest sehr oft, in Gedanken anderswo und nicht ‚hier, wo man ist'. Die reale Umgebung ist eigentümlich verschattet, als sei man nicht wach. Wach und nicht nur schlaflos hingegen ist man mit wachen Sinnen und mit diesen bei den Dingen, die man wahrnimmt. Von diesen wiederum sind die schönen Dinge in ihrer intensiven Erscheinung besonders wahrnehmbar. Warum also sollte man gerade das besonders Wahrnehmbare nicht wahrnehmen wollen – dasjenige also, bei dessen Wahrnehmung man in besonders klarer Weise ‚hier' ist, wo man ist, inmitten erscheinender Dinge?

Lebt man mit wachen Sinnen und zieht entsprechend keine strikte Grenze zwischen Alltag und Kunst, so wird man auch besser verstehen, dass die Kunst kein vom Alltäglichen abgetrennter Ausnahmefall ist. An der Keramik wird das besonders deutlich; für ein auf das Zusammengehören von Alltag und Kunst setzendes Kunstverständnis ist sie darum ein besonders gutes Modell. Das Spektrum der Werke keramischer Kunst, wie sie vorgestellt wurde, reicht vom kleinen Teller für Beilagen oder Süßigkeiten über Reisschalen, Platten und Schalen, Becher für Alltagstee, Sakeflaschen und -becher *(Tokkuri* und *Guinomi),* bis zu den *Chanoyu*-Gefäßen, vor allem dem Frischwassergefäß *(Mizusashi),* dem Gefäß für das Teepulver *(Chaire)* und dem *Chawan;* es reicht von der Hängevase bis zur skulpturalen Vase und der Vasenskulptur. Wie sollte, wenn der kleine Teller oder die Reisschale und der *Chawan* aus derselben Hand und demselben Ofen stammen, ein Wesensunterschied zwischen ihnen bestehen?

Gewiss würde man einen Teller oder eine kleine Schale für Beilagen *(Mukosuke)* nicht auf ein dunkelviolettes Seidentuch stellen, um sie zu betrachten. Gewiss ist ein solcher Teller ‚weniger Kunstwerk' als ein *Chawan* oder eine Vase desselben Künstlers, als Werke also, die differenzierter gestaltet sind und – in ihrer Unscheinbarkeit – stärker erscheinen. Doch es gibt, das darf wiederholt werden, fließende Übergänge. Fünf Teller aus Arita-Porzellan im Nabeshima-Stil zum Beispiel, die in der früheren *Edo*-Zeit, also im siebzehnten Jahrhundert, gemacht wurden, dafür gedacht, auf ihnen Beilagen zu servieren, gewiss von feiner Machart, doch nicht unbedingt als Kunstwerke auffallend, reflektieren die Keramik, zu der sie gehören, indem sie jeweils drei Vorratsgefäße abbilden – Keramik auf Keramik, die in dieser Verdoppelung als das, was sie ist, erscheint. Jeder dieser Teller zeigt genau das gleiche Bild, das in dieser Wiederholung eher Dekor als individuelle Gestaltung ist, ein Produkt sehr entwickelten Handwerks, doch ohne die Unregelmäßigkeit, die zur intensiven Erscheinung des Schönen gehört. Und dennoch: die Erscheinung, die sie sind, in sich reflektierend, haben sie Kunstcharakter, zumindest in dieser Hinsicht.

Es gibt auch Alltagsgefäße, die sofort als Kunstwerke erkennbar sind. Die Teebecher von Kazu Yamada in *Shino* und *Setoguro* kommen seinen Teeschalen sehr nahe; zwar sind sie in der Form gerader und gleichsam statischer, weniger zwischen Leichtigkeit und Schwere balanciert, doch ihre Oberflächen könnten, differenziert und reich, wie sie sind, auch die von Teeschalen sein. So ist es konsequent, dass Yamada auch für seine *Yunomi* Holzkisten *(Tomobako)* zur Aufbewahrung anfertigen lässt, die er auf dem Deckel signiert. Ein *Katakuchi* von Koichiro Isezaki, in hellgrauer Ascheglasur, die am Fuß und im Inneren des Gefäßes in goldgelbe Tonfarben übergeht, frei mit den Händen geformt, von einer in sicherem Schwung gezogenen Linie markiert und an einigen Stellen wie unbearbeiteter Ton wirkend, mag nicht auf den ersten Blick als ein Gefäß zum Ausschenken von Sake gesehen werden – nicht, weil seine Bedeutung verborgen wäre, sondern weil die ovale, auf einer Seite wie beiläufig in eine Spitze gezogene Form unmittelbar für sich einnimmt. Das Gefäß ist auf den ersten Blick ein Gegenstand der Betrachtung, in seiner unregelmäßigen und zurückhaltenden Klarheit ein schönes Ding und ein Werk der Kunst. Doch nimmt man das Gefäß in die Hand, so, als ob man es gebrauchen wollte oder zum wirklichen Gebrauch, spürt man sofort, dass es in seiner Eignung für diesen Gebrauch vollkommen ist. Es ist den Teeschalen Isezakis eng verwandt und bestätigt so, dass es bei den Gefäßen den Übergang von der ‚kleineren' zur ‚größeren' Form gibt. Hält man sich an Kei Tanimotos Äußerung, das *Guinomi* sei für ihn wie ein Kammermusikstück, während der *Chawan* wie eine große Sinfonie sei, könnte man Isezakis *Katakuchi* mit einer Kammersinfonie vergleichen. Vergleicht man es mit Isezakis anderen Gefäßen, so sieht man, dass, wie bei Kazu Yamada oder Kei Tanimoto, auch bei diesem Künstler alle Stücke zu einem Werk gehören, weil sie aus derselben Hand und demselben Ofen sind.

Was alle Gefäße mit verwandten Formen und Oberflächen derart zusammenhält, ist jedoch nicht nur die Hand und die Werkstatt eines Künstlers. Auch die Werke verschiedener Künstler können darin miteinander korrespondieren, dass sie mehr oder weniger Kunst sind. Möglich ist das, wenn sie Produkte eines Handwerks sind, das Kunstpotential hat und dieses mehr oder weniger aktualisiert. Die Kunst im Handwerk lässt die Reisschale ebenso an der Kunst Anteil haben wie das Meisterwerk – vielleicht so, dass in ihr das Kunstpotential nur aufscheint, oder so, dass ihr Kunstcharakter schwächer ausgeprägt und deshalb beiläufiger ist. Umgekehrt bindet das Handwerk durch das Spektrum seiner Werke auch die Meisterstücke in den Alltag ein. Es lässt den Anschein isolierter ‚großer Kunst' gar nicht erst aufkommen. So kann es sein, dass bei einem geselligen Essen die ästhetische Freude der Gäste an den Tellern, Platten und Schalen auf dem Tisch für die Gastgeber zum Anlass wird, eine Vase zu holen, die ein Erbstück und das Werk eines der großen Keramik-Künstler des letzten Jahrhunderts ist, und sie auf den Tisch zu stellen, wo sie sofort das Zentrum bildet und betrachtet wird und dabei zum Gegenstand eines Gesprächs über keramische Kunst.

Das Modell der Keramik lässt sich allerdings nicht ohne Weiteres auf andere Künste übertragen. In der Malerei zum Beispiel gibt es nichts, das zu den Tellern, Platten und Schalen des alltäglichen Geschirrs analog wäre. Es gibt noch nicht einmal Bilder, die wie Teebecher für den Alltagstee sind, Dinge des alltäglichen Gebrauchs, die als Kunstwerke Gegenstände ästhetischer Betrachtung sein können. Bilder, sofern man sie nicht nur zur Kenntnis nimmt oder als Informationsquelle versteht, sind Gegenstände der Betrachtung – sonst kann man mit ihnen nichts anfangen. Das schließt den alltäglichen Gebrauch von Bildern aus.

Auch gemalte Bilder können jedoch ins alltägliche Leben eingebunden sein, und das kann besonders deutlich werden, wenn sie mit Gefäßen korrespondieren. Zwar sind Gefäße, die Kunstwerke sind, keine Bilder, doch haben sie in der Erscheinung ihrer Oberflächen einen bildhaften Zug. Von den Gefäßen her kann man ein gemaltes Bild deshalb als Oberfläche verstehen, die mit der Bildform selbständig und so zur reinen Oberfläche geworden ist. An Kei Tanimotos keramischen Bildern lässt sich dieses Bildwerden von Gefäßoberflächen studieren, und man sieht an ihnen auch, wie solche Oberflächen wiederum mit skulpturalen Oberflächen und denen von Gefäßen korrespondieren können. In ähnlicher Korrespondenz kann ein *Chawan* von Chôjirô mit einem Bild von Rothko stehen, ein *Chawan* von Shirô Tsujimura mit einem Bild von Joseph Marioni, eine Vase von Young-Jae Lee mit einem Bild von Emil Schumacher oder eine Schale von Phil Sims mit einem Bild von Phil Sims.

Man könnte in solchen Fällen gelungener Korrespondenz sagen, dass die Gefäße den Bildern ‚standhalten'. Aber dann hätte man immer noch ein hierarchisches Kunstverständnis im Kopf, das die reine Oberfläche höher schätzt, als die Gefäßoberfläche. Macht man sich davon frei, kann man die Frage nach dem Standhalten des einen vor dem anderen auch umkehrt stellen: Hält ein Rothko vor einem *Chawan* von Chôjirô stand, ein Twombly vor einer Sakeflasche von Tanimoto, überhaupt ein Bild vor einem Gefäß? Dazu müsste ein Bild wie ein Gefäß sein, das ein Kunstwerk und als solches schön ist: ‚einfach es selbst', in dem es einfach, unregelmäßig und in seinem Erscheinen auch unscheinbar ist. Es müsste aus dem Handwerk kommen wie ein Gefäß und müsste also, wie ein Werk der Gefäßkunst, aus einem Tun, das immer auch ein Lassen ist, hervorgegangen sein.

Es gibt solche Bilder, zum Beispiel Arbeiten von Keummi Paik-Bauermeister, die nicht größer als 20 x 25 cm sind und nichts sein sollen als Oberflächen. Auf eine monochrome Schicht Acrylfarbe sind mit Ölfarbe sehr schmale, dicht nebeneinander gesetzte Streifen aufgetragen, immer im gleichen Abstand, doch immer leicht unregelmäßig, weil sie mit zwar sicherer, aber freier Hand gezogen sind. Die Streifen sind in verschiedenen Bildern schmaler oder breiter, mehr oder weniger zart und jeweils in einer Farbe, die sich mehr oder weniger stark vom Monochrom des Acrylgrundes abhebt. Das ist alles. Doch betrachtet man diese Bilder, aus verschiedenem Abstand und bei verschiedenem Licht, so sieht man, wie die Farben changieren, wie die Lineatur, von der man doch sicher war, sie gesehen zu haben, sich mit dem Blick nicht festhalten lässt und wie unversehens der zuvor unscheinbare Grund nach vorn kommt und die auf ihn aufgetragenen Linien zum Grund werden lässt. Damit die Bilder so sein können, muss die Malerin das Handwerk der Farbe verstehen. Auch ihre Kunst kommt aus dem Handwerk. Man sieht nichts als das, was es zu sehen gibt, aber man sieht klarer und genauer als sonst. Die Bilder sind eine Schule des Sehens und des Betrachtens, die für das Sehen und Betrachten auch sonst lehrreich ist – auch für das Betrachten von Gefäßen.

Aber dass man Bilder so betrachten kann, habe ich in einer anderen Schule gelernt: von den Gefäßen, die einfach sie selbst sind, auch dann, wenn man sie gebraucht und dabei lernt, das Eigengewicht der Dinge zu schätzen. Gefäße als Kunst verändern das Verständnis der Kunst, ohne den Anspruch an die Kunst im Mindesten zu relativieren. Sie zeigen, wie die Kunst das Leben bestimmen kann.

Benutzte und weiterführende Bücher

Tony Birks, Lucie Rie, Revised Edition, 1994.

Annette Brandhorst, Gisela Jahn, Erde und Feuer. Traditionelle japanische Keramik der Gegenwart, 1984.

Anneliese Crueger, Wulf Crueger, Saeko Itô, Wege zur Japanischen Keramik, 2004.

Sonja Duò-Meyer, Ceramics. Arbeiten 1992 bis 2017, 2017.

Faszination Keramik. Moderne japanische Meisterwerke in Ton aus der Sammlung Gisela Freudenberg, herausgegeben von Stephan von der Schulenburg, 2005.

Günter Figal, Erscheinungsdinge. Ästhetik als Phänomenologie, 2010.

Günter Figal, Simplicity. On a Bowl by Young-Jae Lee. / Einfachheit. Über eine Schale von Young-Jae Lee, 2014.

Günter Figal, Unscheinbarkeit. Der Raum der Phänomenologie, 2015.

Günter Figal, Unwillkürlichkeit. Essays über Kunst und Leben, 2016.

Günter Figal, Ando. Raum Architektur Moderne, 2017.

Ryôichi Fujioka, Shino and Oribe Ceramics, 1977.

Walter Gropius, Das Bauhaus-Manifest, in: Hans M. Wingler, Das Bauhaus, 38–39, zweite erweiterte Auflage 1968.

Im Raum meiner Imagination. Julius Bissier und Ostasien, herausgegeben von Isabel Herda und Anna Hagdorn, 2018.

Yasushi Inoue, Der Tod des Teemeisters, aus dem Japanischen von Ursula Gräfe, 2007.

Gisela Jahn, Japanische Keramik – Aufbruch im 20. Jahrhundert: Bildung von Tradition, Moderne und Individualität 1900–1945, 2014.

Japan und der Westen. Die erfüllte Leere, herausgegeben vom Kunstmuseum Wolfsburg, 2007.

Japan beginnt an der Ostsee. Die Keramik des Jan Kollwitz, 2010.

Horst Kerstan. Die Keramik der Moderne, herausgegeben von Maria Schüly, 2015.

Adalbert Klein, Japanische Keramik von der Jômon-Zeit bis zur Gegenwart, 1984.

Fujio Koyama, The Heritage of Japanese Ceramics, 1973.

Bernard Leach, A Potter's Book, 1949, Neuausgabe 2015.

Young-Jae Lee, 1111 Schalen, herausgegeben von Reinhold Baumstark, 2006.

Young-Jae Lee, Formen aus Erde, herausgegeben von Andrea Firmenich, 2010.

Young-Jae Lee und Emil Schumacher, herausgegeben von Ulrich Schumacher und Rouven Lotz, 2013.

Keummi Paik-Bauermeister, Neue Arbeiten, 2018.

Raku Kichizaemon XV. and Raku Atsundo, Raku. A Legacy of Japanese Tea Ceramics, 2015.

Gerhard Richter Painting. Ein Film von Corinna Belz, 2011.

Maria Schüly, Die Bedeutung des Gefäßes in Bissiers Werk, in: Städtische Museen Freiburg – Museum für Neue Kunst, Julius Bissier. Vom Anfang der Bilder 1915-1939, 81-88, 1994.

Edmund de Waal, Bernard Leach, 1998.

Edmund de Waal, 2014.

Sôetsu Yanagi, The Unknown Craftsman. A Japanese Insight into Beauty. Foreword by Shôji Hamada, Adapted by Bernard Leach, 1972.

Glossar

Anagama, wörtlich ,Höhlenofen', ist der japanische Ausdruck für einen Ofen mit nur einer Kammer, in der das Feuer unmittelbar auf die zu brennenden Gefäße einwirken kann. Während des Brandes setzt sich die Holzasche auf den Gefäßoberflächen ab und bildet, indem sie flüssig wird, eine Glasur. Diese Glasierung von Gefäßen durch Ascheanflug lässt sich beeinflussen, zum Beispiel durch die Positionierung der Gefäße, aber nicht vollständig kontrollieren.

,Alte Öfen', japanisch **Nihon Rokkoyô, ,japanische Öfen'**, ist eine auf den Töpfer und Keramikforscher Fujio Koyama zurückgehende Sammelbezeichnung für die Keramik-Orte Tokoname, Seto, Shigaraki, Tamba, Echizen und Bizen.

Azuchi-Momoyama-Zeit, auch Momoyama-Zeit, Epoche der japanischen Geschichte, die im Allgemeinen von 1573 bis 1603 datiert wird. Es ist die Zeit der Einigung Japans durch Oda Nobunaga (1534–1582) und Toyotomi Hideyoshi (1537–1598) und eine Blütezeit der japanischen Kultur, in die auch die Entwicklung der Teekultur und mit ihr der Teekeramik fällt.

Bizen, Stadt in der Präfektur Okayama und, als einer der ,Sechs Alten Öfen', ein traditionsreicher und prominenter Keramik-Ort. Zentrum der Keramik ist die zu Bizen gehörende alte Stadt Imbe. Charakteristisch für Bizen-Keramik ist der eisenhaltige, rote Ton, der eher niedrig gebrannt werden muss und weder Ascheglasur annimmt noch glasiert wird.

Botamochi ist eigentlich ein kleiner, meist kugelförmiger Reiskuchen. In der Keramik bezeichnet man mit diesem Ausdruck eine Oberflächengestaltung, die dadurch erreicht wird, dass ein Tonklumpen auf die Gefäßwand gedrückt und nach dem Brand entfernt wird, so dass eine vom Ascheanflug freie und weniger dunkel gebrannte Stelle zu sehen ist. Diese Technik ist in der Bizen-Keramik üblich.

Chaire ist ein zur Teekeramik gehörendes, im Allgemeinen nicht über zehn Zentimeter hohes Gefäß, in dem der grüne Pulvertee **(Matcha)** für die Teezusammenkunft bereitgehalten wird. Aus dem Gefäß gibt man den Tee in die Teeschale. **Chaire** verwendet man bei der Teezusammenkunft nur für ,dicken Tee' **(Koicha)**, bei dem das Verhältnis von Teepulver und heißem Wasser so gewählt wird, dass der Tee fast cremig wird. **Chaire** haben meist einen Deckel aus geschnitztem Elfenbein.

Chanoyu, wörtlich ,für Tee **(Cha)** heißes Wasser **(Yu)**', ist die japanische Bezeichnung für die Teezusammenkunft, die auf Deutsch missverständlich ,Teezeremonie' genannt wird. **Chadô,** was sich mit ,Teeweg' übersetzen lässt, bezeichnet im Unterschied dazu ein Leben, das an der Ethik und Ästhetik der Teekultur orientiert ist.

Chawan, die Teeschale, wie sie bei der Teezusammenkunft verwendet wird. Teeschalen sind die wichtigsten Gefäße der Teekeramik. Für Künstler sind sie die Meisterstücke, deren Herstellung besondere Erfahrung und Sorgfalt erfordert.

Chasen, aus Bambus gefertigter Besen zum Aufschlagen von grünem Pulvertee **(Matcha)**.

Dakatsu, eine weiße Glasur, die in feinsten Sprenkeln auf schwarzen Grund aufgespritzt wird. Die Technik wurde von Dônyû, dem Raku-Meister der dritten Generation (1599–1656), entwickelt.

Echizen, Keramik-Ort in der Präfektur Fukui, einer der ‚Sechs Alten Öfen', traditionellerweise bekannt für große bis übergroße Vorratsgefäße **(Tsubo)** mit Ascheanflugglasur.

Goma, wörtlich ‚Sesamkorn' bezeichnet eine Form der Ascheablagerung, wie sie bei den vergleichsweise niedrigen Temperaturen entsteht, bei denen Bizen-Keramik gebrannt wird. Die Asche wird in diesem Fall nicht flüssig, sondern lagert sich beim Brand in kleinen, dem Sesamkorn ähnlichen hellbraunen Partikeln auf den Gefäßoberflächen ab.

Goryeo ist die Bezeichnung eines ehemaligen Reiches auf der koreanischen Halbinsel und zugleich der politischen und kulturellen Epoche, die mit diesem Reich verbunden war. Sie dauerte von 918 bis 1392. Die Keramik dieser Epoche, Gefäße mit Seladon-Glasur, viele mit sehr feinen Dekoren, gilt als besonders kunstvoll. Das handwerkliche Wissen für die Herstellung der **Goryeo**-Keramik ging mit dem Ende der Epoche verloren und wurde erst im zwanzigsten Jahrhundert wiederentdeckt.

Guinomi, wörtlich ‚auf einen Schluck trinken', ist ein Sakebecher. Sakebecher gelten als ‚kleine Teeschalen'. Sie nehmen oft charakteristische **Chawan**-Formen auf und werden meist mit der gleichen künstlerischen Sorgfalt gestaltet.

Hagi, Keramik-Ort in der Präfektur Yamaguchi, dessen keramische Tradition auf eine koreanische Gründung zurückgeht. Gefäße aus Hagi sind nach wie vor von koreanischen Vorbildern geprägt. Charakteristisch für Hagi-Keramik ist eine Glasur aus Feldspat und Holzasche, die sich in Weiß-, Gelb- und Rosatönen ausbilden kann. Verwendet wird auch eine Glasur mit Beigaben von Strohasche, die cremig dick aufgetragen wird und beim Brand Risse und Schrumpfungen bildet.

Hakeme, wörtlich ‚Pinselspur', ist der japanische Ausdruck für eine aus Korea stammende Technik der Oberflächengestaltung von Gefäßen, bei der eine weiße Engobe mit einem harten Pinsel oder einer Bürste auf einen meist ungebrannten, dunklen Scherben auftragen wird. Dabei wird der Scherben nicht vollständig bedeckt, und die Spuren des Auftrags sind zu sehen.

Hidasuki, wörtlich ‚Feuerschnur', ist eine in der Bizen-Keramik übliche Technik der Oberflächengestaltung. Die Gefäße werden vor dem Brand mit Reisstroh umwickelt, das im Ofen verbrennt und dabei auf dem Scherben rote Spuren hinterlässt. Die Technik hat sich daraus entwickelt, dass Gefäße für den Transport mit Reisstroh geschützt wurden oder man im Ofen mehrere Gefäße ineinander stellen wollte und durch Reisstroh verhinderte, dass sie aneinander festbackten.

Ido, wörtlich ‚Brunnen', ist der japanische Ausdruck für eine aus Korea stammende Schalenform. **Ido**-Schalen stehen auf einem eher kleinen Fuß, sind konisch geformt und mehr oder weniger weit. Die Schalen dieser Form waren ursprünglich Reisschalen, die von den Teemeistern als Teeschalen entdeckt und benutzt wurden.

Iga, ein Keramik-Ort in der Präfektur Mie, der bedeutend wurde, als die ästhetischen Vorstellungen des Teemeisters Furuta Oribe (1544–1615) dominierten. In Iga wurden vor allem Vasen und Frischwassergefäße für den Teeraum hergestellt, die, hoch und oft mehrfach gebrannt, reiche Ascheglasuren haben. Gefäße der Iga-Keramik sind oft ‚verformt' und auch so in ihrer Erscheinung ungewöhnlich. Iga liegt nicht weit von Shigaraki, der Ton ist in beiden Orten beinah derselbe.

Imayaki, wörtlich ‚Keramik von Heute', war eine gängige Bezeichnung für die Teekeramik, wie sie von Chôjirô, dem ersten Meister der Raku-Keramik, und seinen Nachfolgern hergestellt wurde. Sie lässt deutlich werden, dass diese Keramik als etwas gegenüber der Tradition vollkommen Neues verstanden wurde.

Ishihaze, wörtlich ‚Steinchenexplosion', bezeichnet eine Wirkung von mineralischen Einschlüssen (Feldspat und Quarz), die während des Brandes aufblühen und sich an der Oberfläche perlenartig ausformen. **Ishihaze** ist typisch für Shigaraki-Keramik.

Important Cultural Property, japanisch **Jûyô Bunkazai**, ist eine durch das für Kultur zuständige Ministerium verliehene Auszeichnung eines **‚tangible cultural property' (Yûkei Bunkazai)**, d.h.: eines Gebäudes oder dinglich fassbaren Kulturguts. Die so ausgezeichneten Objekte sollen gegen unsachgemäße Veränderung oder Reparatur geschützt und vor dem Export bewahrt werden. **Important Cultural Property** ist zum Beispiel die Teeschale **Aoyama** (‚Blauer Berg') vom dritten Raku-Meister Dônyû (1599–1656).

Jômon, wörtlich ‚Schnur', bezeichnet die älteste Keramik in Japan. Datiert wird die **Jômon**-Zeit von 14.000 bis 300 v. Chr. Charakteristisch für **Jômon**-Keramik sind Muster, die durch das Aufdrücken von Schnüren auf den noch weichen Ton entstehen.

Jian ist der Name für eine Keramik, die aus Jianyang, einer Stadt in der Provinz Fujian (Zentralchina), stammt. Charakteristisch für die dort hergestellten Gefäße ist die **Temmoku**-Glasur.

Kake Hana, auch **Kake Hanaire,** eine Hängevase, also eine Vase, die mittels eines Metallrings an einem Haken oder Nagel aufgehängt werden kann. Hängevasen sind im Allgemeinen dafür gedacht, an einem Balken der Schmucknische **(Tokonoma)** eines traditionellen japanischen Raums, besonders eines Teeraums, platziert zu werden.

Katakuchi ist ein Gießgefäß, meist zum Ausschenken von Sake oder zum Abkühlen von Wasser für grünen Tee **(Sencha)**.

Kaiseki bezeichnet ursprünglich ein leichtes Essen, wie es zu einer Teezusammenkunft gehört, aber auch ein feines oder sogar festliches Menu, das aus mehreren oder gar vielen kleinen Gängen besteht und auf besonders ausgesuchtem, jeweils zu den Speisen passendem Geschirr serviert wird.

Karatsu ist ein Keramik-Ort in der Präfektur Saga auf der Insel Kyûshû, wie Hagi eine koreanische Gründung. Karatsu-Keramik ist auf vielfältige Weise glasiert, doch besonders charakteristisch sind graue, auf einen dunklen, eisenhaltigen Scherben aufgetragene Glasuren, die sparsam in Schwarz mit stilisierten Pflanzenmotiven bemalt werden.

Kintsugi, wörtlich ‚Goldflicken', bezeichnet die traditionelle Technik zur Reparatur von Gefäßen. Die Bruchstücke werden mit **Urushi**-Lack geklebt, und die Risse zwischen den Bruchstücken werden mit **Urushi**-Lack, der mit Goldstaub vermischt wurde, gefüllt. Reparaturen dieser Art machen Gefäße im Allgemeinen wertvoller.

Kizaemon-Schale, eine Teeschale, ursprünglich Reisschale vom **Ido**-Typ, die nach einem ihrer Besitzer benannt wurde. Sie ist im sechzehnten Jahrhundert entstanden und wird heute im Tempel Kohô-an, einem Subtempel des Daitoku-ji in Kyoto, als **National Treasure** aufbewahrt. Berühmt wurde die Schale nicht zuletzt dadurch, dass der Philosoph Sôetsu Yanagi (1889–1961) ihr einen Essay widmete, in dem er die Schönheit der Schale gegen die vermeintliche Schönheit der Teekeramik geltend macht.

Kohiki, zusammengesetzt aus **‚Ko'**, ‚Pulver' und **‚Hiki'** ‚Mahlen', bedeutet wörtlich ‚gemahlenes Pulver'. Der Ausdruck bezeichnet eine aus Korea stammende Technik, bei der auf einen meist dunklen, ungebrannten Scherben eine weiße Glasur aufgetragen wird, nicht selten so, dass der Scherben mehr oder weniger durchscheint.

Kutsugata, wörtlich ‚Schuhform'. Ausdruck für die Form von ins Oval gedrückten Teeschalen, wie sie den ästhetischen Vorstellungen des Teemeisters Furuta Oribe (1544–1615) entsprachen.

Makugusuri, eine schwarze Glasur, die als zweite Schicht über einer schwarzen Glasur liegt, derart, dass sie von der Lippe einer Teeschale heruntergelaufen ist. Die Technik wurde von Dônyû, dem Raku-Meister der dritten Generation (1599–1656), entwickelt.

Mashiko, eine Stadt in der Präfektur Tochigi. Die Stadt wurde erst dadurch zu einem bedeutenden Keramik-Ort, dass der Keramiker Shôji Hamada (1894–1978) sich 1930 dort ansiedelte.

Matcha, grüner Pulvertee, der bei der Teezusammenkunft, aber auch sonst getrunken wird.

Meiji-Zeit, die Regierungszeit des Kaisers Mutsuhito. Sie dauerte von 1868 bis zum Tod des Kaisers 1912 und ist geprägt durch die Öffnung Japans für die westliche Kultur in allen Lebensbereichen.

Mingei, ‚Volkskunst', ist die Bezeichnung für handwerklich produzierte Alltagsdinge in ihrer Schönheit. Sie geht auf Sôetsu Yanagi (1889–1961) zurück, der zusammen mit den Keramik-Künstlern Shôji Hamada (1894–1978), Kanjirô Kawai (1890–1966) und Bernard Leach (1887–1979) die ästhetische Orientierung an ‚Volkskunst', vorwiegend aus Korea und von der Insel Okinawa, propagierte. Yanagis Sammlung ist der Grundstock des von ihm 1936 begründeten und eingerichteten ‚Volkskunst-Museums' **(Mingeikan)**. Das Museum befindet sich in Tokyo, im Stadtteil Komaba.

Mino, eine Stadt in der Präfektur Gifu, deren Namen für eine Keramik steht, die im Gebiet um die älteren Städte Tajimi und Toki hergestellt wird. Mino-Keramik ist in vieler Hinsicht der Keramik des benachbarten Seto ähnlich, was daran liegt, dass während des Ônin-Krieges (1467–1477) viele Töpfer aus Seto ins Mino-Gebiet flohen. Mino-Keramik ist glasiert. Charakteristisch sind die weiße oder auch rötliche Shino-Glasur, das ‚gelbe Seto' **(Kiseto)**, das ‚schwarze Seto' **(Setoguro)** sowie die grüne oder blaugrüne Glasur der Oribe-Keramik.

Mizusashi, das Frischwassergefäß, in dem bei der Teezusammenkunft Wasser zum Nachfüllen des Kessels, in dem man das Teewasser erhitzt, bereitgehalten wird. Frischwassergefäße sind nicht selten anspruchsvolle keramische Kunstwerke. Einen besonderen Ruf haben die Frischwassergefäße aus Iga.

Mukozuke, kleine Teller oder Schalen, in denen der gleichnamige Gang beim **Kaiseki** serviert wird. Im Allgemeinen gibt es **Mukozuke** als dritten Gang, der meist aus dünn geschnittenem rohen Fisch **(Sashimi)** besteht.

Ningen Kokuhô, ‚lebender Nationalschatz', eine populäre Bezeichnung für Künstler, die als ‚Bewahrer bedeutender unberührbarer kultureller Besitztümer' **(Jûyô Mukei Bunkazai Hojisha)** vom für Kultur zuständigen Ministerium ausgezeichnet werden. Die Auszeichnung ist mit der Erwartung verbunden, dass die Künstler ihre Kunst weitergeben. Ausgezeichnet werden Musiker und Bühnenkünstler und Handwerker wie Lackkünstler, Textilkünstler, Hersteller traditioneller Puppen und Keramiker. Zu den ausgezeichneten Keramik-Künstlern gehören aus Mashiko: Shôji Hamada (1894–1978) und Tatsuzô Shimaoka (1919–2007), aus Bizen: Tôyô Kaneshige (1896–1967), Kei Fujiwara (1899–1983), Yû Fujiwara (1932–2001) und Jun Isezaki (*1936), aus Mino: Toyozô Arakawa (1894–1985) und Osamu Suzuki (*1934).

Noborigama, ein ansteigender, also an einen Hügel oder auch einer künstlichen Aufschüttung gebauter Mehrkammerofen. Das Feuer wird vor allem in der ersten, der Feuerungskammer, aber auch in jeder einzelnen Brennkammer geschürt. Der **Noborigama**, der erst am Ende des sechzehnten Jahrhunderts von koreanischen Töpfern nach Japan eingeführt wurde, ist der am meisten verbreitete traditionelle Brennofen in Japan. Was für ihn spricht, ist die relativ große Kontrollierbarkeit des Brandes und seine Größe; es gibt Öfen, die bis zu zehntausend Gefäße aufnehmen können. Im weniger kontrollierbaren **Anagama** hingegen können sich Ascheanflugglasuren ergeben, die anders nicht erreichbar sind.

National Treasure, japanisch **Kokuhô,** ist ein besonders bedeutendes ‚berührbares' Kulturgut. Ein keramischer **National Treasure** ist zum Beispiel die **Kizaemon**-Schale.

Oribe-Keramik, eine in Mino hergestellte Keramik, die auf die ästhetischen Vorstellungen des Teemeisters Furuta Oribe (1544–1615) zurückgeht. Charakteristisch sind ausgeprägte Unregelmäßigkeiten bei den Gefäßformen und collageartige Dekore, bei denen schwarze Zeichnungen auf hellem Braun sowie grüne bis blaugrüne Flächen dominieren.

Raku, der Name einer in Kyoto ansässigen Familie, die auf den aus China stammenden Töpfer Chôjirô (gestorben 1589) zurückgeht. Chôjirô stellt im Auftrag des Teemeisters Sen no Rikyû (1522–1591) die ersten Teeschalen her, die aus dem von Sen no Rikyû geprägten Verständnis der Teezusammenkunft geschaffen wurden. Trotz aller Variationen von Chôjirô bis zum gegenwärtigen Raku-Meister Kichizaemon XV. (geboren 1949) sind Raku-Teeschalen sich im Wesentlichen gleich geblieben. Sie werden nicht gedreht, sondern mit den Händen geformt **(Tezukune)** und in ihre endgültige Form mit Spateln oder Messern geschnitzt und bei recht niedriger Temperatur eher kurz in einem speziellen Ofen gebrannt. Sie sind im Allgemeinen entweder schwarz glasiert oder sie haben verschiedene Rottöne, meist ohne Dekor.

Salzglasur, eine Glasur deren Besonderheit sich aus der Verbindung des im Ton enthaltenen Siliciumdioxid mit Kochsalz ergibt. Die Salzglasur gehört nicht zu den traditionellen Glasuren der japanischen Keramik. Sie stammt aus Deutschland, genauer aus dem Westerwald, wurde in England populär und in Japan von Shôji Hamada (1894–1978) übernommen.

Seto, eine Stadt in der Präfektur Aichi, einer der ‚Sechs Alten Öfen'. Zwischen der für die Tradition von Seto charakteristischen Keramik und der Mino-Keramik gibt es viele Gemeinsamkeiten. Die für Seto typischen Glasuren, ‚schwarzes Seto' **(Setoguro)** und ‚gelbes Seto' **(Kiseto)** sowie das für Oribe-Keramik charakteristische Grün werden auch in Mino verwendet. Beide Orte liegen nahe beieinander, und Mino wurde als Keramik-Ort durch die von Seto während des Ônin-Krieges (1467–1477) geflohenen Töpfer geprägt.

Shigaraki, eine Stadt in der Präfektur Shiga, ist einer der ‚Sechs Alten Öfen'. Charakteristisch für Shigaraki-Keramik ist der lokale Ton, der sich beim Brand in warmen Farbtönen von Honiggelb bis Rotbraun einfärbt und dessen mineralische Einschlüsse zu perlenartigen Ausblühungen, sogenannten ‚Steinchenexplosionen' **(Ishihaze)** führen. Shigaraki-Keramik wird, wie die Keramik des benachbarten Iga, recht hoch gebrannt und hat oft sehr ausgeprägte Ascheanflugglasuren.

Shino, eine weiße Feldspatglasur, die charakteristisch für die Mino-Keramik ist. Oft wird **Shino** dickflüssig auf Bemalungen des ungebrannten Scherbens mit einer stark eisenhaltigen Engobe aufgebracht. Während des Brandes tritt das Rot der Engobe mehr oder weniger stark durch die weiße Glasur hervor. Auch bilden sich Risse und, durch aus dem Ton austretende Gase, stecknadelkopfgroße Löcher. **Shino** kann auch mit der Engobe vermischt und so in verschiedenen Rottönen eingefärbt werden.

Song-Keramik, chinesische Keramik aus der Zeit der **Song**-Dynastie (960–1279), vor allem aus den Öfen von Ru, Guan, Ge, Jun, Ding und Longquan. Ding-Keramik ist weiß, auch gibt es schwarze oder schwarzbraune Temmoku-Glasuren und graue Glasuren, die stark craqueliert sind. Am bekanntesten sind jedoch Seladon-Glasuren in verschiedene Grün- und Blautönen. Die Formen der **Song**-Gefäße sind im Allgemeinen einfach und klar.

Tamba, eine Stadt in der Präfektur Hyôgo, als Keramik-Ort einer der ‚Sechs Alten Öfen'. Charakteristisch für Tamba-Keramik ist der stark eisenhaltige, nach dem Brand dunkelbraune, oft rötlich schimmernde Ton. Zur Tradition des Ortes gehört vor allem Gebrauchs-Keramik. Charakteristisch sind Vorratsgefäße **(Tsubo)** und große, eher rustikal wirkende Sakeflaschen **(Tokkuri)**.

Tee, trotz zunehmender Neigung zum Kaffee ist Tee immer noch das wichtigste nicht-alkoholische Getränk in Japan. Japanischer Tee ist Grüntee, entweder grüner Pulvertee **(Matcha)**, feiner grüner Blättertee, meist aus den Spitzen des Teestrauchs gewonnen **(Sencha)** oder Alltagstee **(Bancha)**, bei dem man Tee aus gerösteten Teeblättern **(Hôjicha)**, aus den feinen gerösteten Ästen des Teestrauchs **(Kuki Hôjicha)** oder aus mit gepufftem Reis versetzten Teeblättern **(Genmaicha)** unterscheidet.

Temmoku, eine in China entwickelte schwarze oder schwarzbraun erscheinende Eisenglasur, die beim Brand sehr eindrucksvolle kristalline Oberflächenbildungen entwickeln kann. Der Name geht auf den eines Berges, **Tianmu,** in Ostchina, nicht weit von der Stadt Hangzhou, zurück – in einem Tempel in der Nähe des Berges wurden Teeschalen mit der nach dem Berg benannten Glasur benutzt. Vor Etablierung der Teekultur im Sinne Sen no Rikyûs waren **Temmoku**-Schalen in Japan die am meisten geschätzten Teeschalen.

Tezukune, das Formen von Gefäßen mit den Händen.

Tokonoma, wörtlich ‚Bettnische', ist die Schmucknische eines traditionellen japanischen Raums, besonders eines Teeraums. Das **Tokonoma** kann ebenerdig oder leicht erhöht sein. Ursprünglich ein Altarraum, wird es im Allgemeinen mit einer Kalligraphie und einem Blumenarrangement geschmückt.

Tokkuri, eine Flasche, in der Sake im Wasserbad erwärmt und anschließend serviert wird. Zusammen mit Sakebechern **(Guinomi)** gehören Sakeflaschen zu den mit besonderer künstlerischer Sorgfalt hergestellten Werken der keramischen Kunst, die nicht zur Teekeramik gehören.

Tomobako, eine Holzkiste, in der wertvollere Gefäße wie Teeschalen **(Chawan)**, Vasen **(Hanaire)**, Frischwassergefäße **(Mizusashi)**, Sakeflaschen **(Tokkuri)** und Sakebecher **(Guinomi)**, seltener Teebecher **(Yunomi)** aufbewahrt werden. Ein **Tomobako** ist im Allgemeinen maßgefertigt und wird mit einem kreuzweise um die Kiste herumgeführten, oft sehr schön gemusterten Baumwollband verschlossen. Der meist vom Künstler beschriftete, signierte und mit einem Siegel gestempelte Deckel wird im Allgemeinen durch ein gefaltetes Papier geschützt. Keramiker wie Shôji Hamada und Kanjirô Kawai, auch Tomoo Hamada (geboren 1967), die sich der ‚Volkskunst' **(Mingei)** verpflichtet fühlen, beschriften und signieren die Deckel auf der Innenseite.

Tsubo, ein Vorratsgefäß, bauchig mit enger Öffnung. Gefäße dieser Form gibt es in verschiedenen Größen – zwischen Bodengefäßen von ungefähr einem Meter Höhe bis ungefähr zehn Zentimeter hohen Gefäßen für die schwarze Paste, mit der man die Zähne einfärbte **(Ohaguro Tsubo)**.

Yunomi, ein Teebecher, aus dem vorwiegend einfacher Alltagstee **(Bancha)** getrunken wird.

Namensregister

Über den Autor

Günter Figal, geb. 1949; Studium an der Universität Heidelberg, 1976 Promotion in Philosophie, 1987 Habilitation. Von 1989 bis 2002 Professor für Philosophie an der Universität Tübingen, von 2002 bis 2017 Ordinarius für Philosophie an der Universität Freiburg im Breisgau. Zahlreiche Gastprofessuren, u.a. an der Kwansei Gakuin Universität in Nishinomiya, als Inhaber des Kardinal-Mercier-Lehrstuhls an der Universität Leuven, als Gadamer Distinguished Visiting Professor am Boston College, als Inhaber des International Chair of Philosophy Jacques Derrida der Universität Turin und an der Universität Salzburg. Seine Bücher und Schriften wurden bisher in 15 Sprachen übersetzt. Seit 2015 werden seine Manuskripte, Notizbücher und Korrespondenzen im Deutschen Literaturarchiv in Marbach verwahrt.

Bücher (Auswahl)

Philosophy as Metaphysics. The Torino Lectures (2019); Blick von außen. Zur Ausstellung Blind!Date* im Kunstraum Alexander Bürkle 3.4.–22.5.2016 (2016); Ando – Raum Architektur Moderne (2017); Martin Heidegger zur Einführung, 7., vollständig überarbeitete Auflage (2016); Unwillkürlichkeit. Essays über Kunst und Leben (2016); Unscheinbarkeit. Der Raum der Phänomenologie (2015); Simplicity. On a Bowl by Young-Jae Lee / Einfachheit. Über eine Schale von Young-Jae Lee (2014); Martin Heidegger. Phänomenologie der Freiheit, revidierte Neuauflage (2013); Kunst. Philosophische Abhandlungen (2012); Erscheinungsdinge. Ästhetik als Phänomenologie (2010); Verstehensfragen. Studien zur phänomenologisch-hermeneutischen Philosophie (2009); Zu Heidegger. Antworten und Fragen (2009); Gegenständlichkeit. Das Hermeneutische und die Philosophie (2006); Nietzsche. Eine philosophische Einführung (1999); Der Sinn des Verstehens (1997).

Impressum

Gestaltung:
Dieter Weber

Lektorat:
Sandra Hampe

Fotografie:
Günter Figal

Bildbearbeitung:
Bernhard Strauss

Gesamtherstellung:
modo Verlag Freiburg i. Br.

Bibliografische Information der Deutschen Nationalbibliothek
Die Deutsche Nationalbibliothek verzeichnet diese Publikation in der Deutschen Nationalbibliografie; detaillierte bibliografische Daten sind im Internet über http://dnb.d-nb.de abrufbar.

modo Verlag GmbH Freiburg i. Br.
www.modoverlag.de

Printed in Germany
ISBN 978-3-86833-260-5